何塞·穆里尼奥进攻战术训练

——源自皇家马德里4-2-3-1阵型的114个进球分析

［希］米凯尔·托索卡特斯迪斯

王 新 王嵩洛 王 林 译

人民体育出版社

编译委员会

主任

  李吉慧　山西师范大学　教　授　硕士生导师
  郑　旗　山西师范大学　教　授　硕士生导师
  侯会生　中央民族大学　副教授　硕士生导师

成员

  刘　丹　中央民族大学　研究生
  王　林　山西师范大学　讲　师
  王卫东　山西师范大学　讲　师
  沈　军　山西师范大学　讲　师
  于　浩　中央民族大学　讲　师
  王　新　中央民族大学　讲　师
  沈国征　山西师范大学　副教授　硕士生导师
  侯　彪　北京体育大学　研究生
  王晓楠　中央民族大学　研究生
  王嵩洛　中原工学院　　副教授
  刘国涛　中央民族大学　讲　师
  钟复生　吉林警察学院　讲　师
  陆建森　山西师范大学　副教授
  梁国强　山西师范大学　讲　师

关于作者

关于作者

米凯尔·托索卡特斯迪斯
- 欧足联A级教练员
- 体育教育学士学位　专项为足球训练

我今年38岁，10岁时在希腊的多克萨足球俱乐部开始足球生涯。在19岁正式进入一线队之前，我参加了所有年龄组的比赛。作为职业球员，曾代表各个级别的希腊球队参加比赛，包括多克萨·多拉马斯、伊尔特克斯·利考伊（狼队）、阿格罗迪克斯、伊苏尼考斯、彭德拉马伊考斯和奥林匹亚科斯足球俱乐部。

在我的职业足球生涯中，曾代表5支不同球队获得过6座冠军奖杯。29岁时我选择了退役，并完成了体能训练与足球训练的相关课程。曾就读于欧足联教练员学校（希腊足球联合会），并获得了欧足联A级教练员证书。

我的执教生涯始于青年队，共执教了3年。过去4年，我在希腊三家不同的半职业球队担任主教练（两次夺冠）。目标是培养青年球员成为职业球员。我的愿望是执教欧洲其他地区更高级别联赛的球队。

足球是我生活的主要部分，我对执教有着极大的热情。很早以前，我沉迷于学习训练方法并观察、分析这些方法的成功运用案例（包括所有阶段的比赛）。我热衷于从那些能够推动足球事业发展的、伟大而成功的球队中汲取经验。

对于我的第一本书，我想用我的能力为全世界教练员提供一些优秀内容来提高他们的训练。我决定分析近10年来最优秀的足球教练员之一——穆里尼奥所执教过的一支球队。2011—2012年赛季，穆里尼奥率领皇家马德里获得了西甲冠军，所有的进球得分均有记录。

我认为这本书所提供的内容是之前从未提出过的。我们把造成得分的各个比赛阶段和教练员用于4-2-3-1阵型的练习结合在一起。

1. 我们分析了穆里尼奥的战术、皇家马德里最佳进球的各阶段，以及如何识别并找到解决针对不同对手阵型的方法和战术情景。

2. 我们创编了一些具体的实践训练，这些训练可用于相同阵型和实现同一目标的球队。

在生活中，我相信重要的不是你拥有什么，而是你可以创造什么。所以我写了这本书。我最喜爱的人生格言就是"你总是可以做得更多"。

目 录

训练大纲及图例	（Ⅰ）
2011—2012赛季皇家马德里比赛数据	（Ⅱ）
穆里尼奥进攻战术概要	（Ⅲ）
皇家马德里主力球员名单	（Ⅳ）

第一章　应对密集防守球队 …………………………（1）

进球分析：二过一配合与快速射门 …………………（2）
本节训练单元（7个训练项目） ………………………（3）
　一、传球与二过一配合 …………………………………（3）
　二、快速二过一配合 ……………………………………（4）
　三、二过一配合与射门 …………………………………（5）
　四、两种选择的二过一配合与射门 ……………………（6）
　五、连续二过一配合与射门 ……………………………（7）
　六、小场地二过一配与和射门 …………………………（8）
　七、4区域比赛中的接应跑动 …………………………（9）

进球分析：与第二接应人的一脚传球配合 …………（11）
本节训练单元（5个训练项目） ………………………（13）
　一、短传与长传配合 ……………………………………（13）
　二、快速传球配合：第二接应人跑位和射门（1）……（14）
　三、快速传球配合：第二接应人跑位和射门（2）……（15）
　四、小场地比赛中的直传和第二接应人跑位 ………（16）
　五、4区域比赛中的快速传球配合和第二接应人跑位 …（18）

进球分析：第二接应人后插上和防线后的射门 ……（20）
本节训练单元（7个训练项目） ………………………（22）
　一、向内运球，为第二接应人后插上创造空间（1）…（22）
　二、向内运球，为第二接应人后插上创造空间（2）…（23）
　三、传接配合：第二接应人后插上及最后一传 ……（24）
　四、向内运球，第二接应人后插上及最后一传 ……（25）
　五、向内运球，第二接应人后插上、接应和最后一传 …（26）

　　六、小场地比赛：第二接应人后插上跑动（1） ………………………（27）
　　七、小场地比赛：第二接应人后插上跑动（2） ………………………（28）
进球分析：边路1对1，从中路插入罚球区（1） ……………………………（29）
进球分析：边路1对1，从中路插入罚球区（2） ……………………………（30）
进球分析：边路1对1，从中路插入罚球区（3） ……………………………（31）
　本节训练单元（6个训练项目） …………………………………………（32）
　　一、短传和射门的跑动时机 ………………………………………………（32）
　　二、位置练习中的转移进攻和传中 ………………………………………（34）
　　三、边路1对1：边路传中和射门 …………………………………………（35）
　　四、中路和边路1对1 ………………………………………………………（36）
　　五、边路2对2：传中和射门 ………………………………………………（37）
　　六、边路2对2：转移进攻、传中和射门 …………………………………（38）
进球分析：罚球区内的机敏跑位与快速射门 ………………………………（39）
　本节训练单元（3个训练项目） …………………………………………（40）
　　一、罚球区内和罚球区外的快速射门 ……………………………………（40）
　　二、攻守转换：快速完成射门的二次进攻 ………………………………（41）
　　三、动态比赛中获得球权快速反击 ………………………………………（42）
进球分析：处于前场进攻位置的边后卫——传中和射门 …………………（43）
　本节训练单元（2个训练项目） …………………………………………（44）
　　一、处于前场进攻位置的边后卫：传中和射门（1） ……………………（44）
　　二、处于前场进攻位置的边后卫：传中和射门（2） ……………………（45）
进球分析：转移进攻——改变进攻方向（1） ………………………………（46）
进球分析：转移进攻——改变进攻方向（2） ………………………………（48）
进球分析：转移进攻——改变进攻方向（3） ………………………………（49）
进球分析：转移进攻——改变进攻方向（4） ………………………………（50）
　本节训练单元（4个训练项目） …………………………………………（51）
　　一、小场地比赛：利用宽度和转移进攻 …………………………………（51）
　　二、小场地比赛：利用边后卫的助攻转移进攻（1） ……………………（52）
　　三、小场地比赛：利用边后卫的助攻转移进攻（2） ……………………（53）
　　四、在罚球区内外利用宽度创造空间 ……………………………………（54）
进球分析：边后卫与中后卫之间的跑动时机（1） …………………………（55）
进球分析：边后卫与中后卫之间的跑动时机（2） …………………………（56）
　本节训练单元（3个训练项目） …………………………………………（57）
　　一、9区域小场地比赛：向防线后方传球 ………………………………（57）
　　二、小场地比赛：通过斜线跑动利用防线后方空间 ……………………（58）
　　三、密集防守后卫之间的跑动时机 ………………………………………（59）

目 录

  进球分析：通过中路渗透防线后的进攻 …………………………………（60）
  本节训练单元（4个训练项目）………………………………………………（61）
   一、6对6（+2）小场地比赛：传入射门区 ………………………………（61）
   二、6对6（+2）：1对1区域动态比赛中的接应 …………………………（62）
   三、7对7（+2）小场地比赛：向防线后方跑动和射门 ………………（63）
   四、防线后方接球：9对9 …………………………………………………（64）
  进球分析：把握时机非越位跑入防线后方 ……………………………（65）
  本节训练单元（4个训练项目）………………………………………………（66）
   一、有越位规则的进攻配合和射门 ………………………………………（66）
   二、6对5（+守门员）有越位规则的进攻和射门（1）…………………（67）
   三、6对5（+守门员）有越位规则的进攻和射门（2）…………………（68）
   四、小场地比赛：有越位规则的进攻和射门 ……………………………（69）

第二章 应对中场紧逼防守的球队 ………………………………………（70）

  进球分析：为在边路形成1对1创造空间（1）……………………………（71）
  进球分析：为在边路形成1对1创造空间（2）……………………………（72）
  进球分析：为在边路形成1对1创造空间（3）……………………………（73）
  本节训练单元（5个训练项目）………………………………………………（74）
   一、无人防守：边路创造空间和中路插上时机 …………………………（74）
   二、有人防守：边路创造空间和中路插上时机 …………………………（75）
   三、边路2对2传中和射门 …………………………………………………（76）
   四、从中路接应的边路2对2 ………………………………………………（76）
   五、在边路创造1对1局面 …………………………………………………（77）
  进球分析：中场球员前插防线后方（1）…………………………………（78）
  进球分析：中场球员前插防线后方（2）…………………………………（80）
  本节训练单元（4个训练项目）………………………………………………（81）
   一、局部区域：前插跑动和渗透性传球 …………………………………（81）
   二、4区域：后卫之间的跑动时机 ………………………………………（82）
   三、9对9：后卫之间的跑动时机 …………………………………………（83）
   四、专项位置区域跑动时机 ………………………………………………（84）
  进球分析：从边路向中路和防线后方渗透性传球（1）…………………（85）
  进球分析：从边路向中路和防线后方渗透性传球（2）…………………（86）
  进球分析：从边路向中路和防线后方渗透性传球（3）…………………（87）
  本节训练单元（4个训练项目）………………………………………………（88）
   一、6对6（+2名中立球员）："射门区"最后一传 ……………………（88）
   二、从边路区域渗透性斜传（1）…………………………………………（89）

　　三、从边路区域渗透性斜传（2）……………………………（90）
　　四、9对9：向中场防线后方传球 ……………………………（90）
　进球分析：长传转移为射门创造空间 …………………………（91）
　本节训练单元 ……………………………………………………（92）
　5区域专项位置训练：应对中场紧逼防守对的转移进攻和渗透性传球 …（92）

第三章　应对前场紧逼防守的球队 …………………………（93）

　进球分析：将球传入对手前压防线的后方（1）………………（94）
　进球分析：将球传入对手前压防线的后方（2）………………（95）
　本节训练单元（4个训练项目）…………………………………（96）
　　一、4区域控球 …………………………………………………（96）
　　二、位置训练：7对7（+1）控球 ……………………………（97）
　　三、位置训练：组织进攻突破防线 …………………………（99）
　　四、11对11比赛：将球传入前压防线后方 …………………（101）
　进球分析：应对防线前压时的进攻组织 ………………………（102）
　本节训练单元（5个训练项目）…………………………………（103）
　　一、控球：打破紧逼 …………………………………………（103）
　　二、控球：4-2-3-1阵型动态转移 ……………………………（104）
　　三、3个小场地：突破防线 …………………………………（105）
　　四、3区域：打破前场紧逼防守（1）…………………………（106）
　　五、3区域：打破前场紧逼防守（2）…………………………（107）

第四章　后场的攻守转换 ………………………………………（108）

　进球分析：创造和利用1对1或2对2局部优势 ………………（110）
　本节训练单元（2个训练项目）…………………………………（112）
　　一、无防守球员的快速突破进攻 ……………………………（112）
　　二、1对1或2对2快速突破进攻 ……………………………（113）
　进球分析：从后场发动的快速反击 ……………………………（114）
　本节训练单元（3个训练项目）…………………………………（115）
　　一、3区域动态训练：攻守转换和接应 ……………………（115）
　　二、攻守转换和边路球员的接应 ……………………………（117）
　　三、4区域：11对11攻防转换和接应 ………………………（117）
　进球分析：利用防守方的弱侧（1）……………………………（118）
　进球分析：利用防守方的弱侧（2）……………………………（119）
　本节训练单元（5个训练项目）…………………………………（120）
　　一、小场地比赛：3队防守反击 ……………………………（120）

目录

二、小场地比赛：3队动态防守反击 ………………………………（121）
三、攻守转换中的边路进攻和转移进攻 ……………………………（122）
四、3区域攻守转换：利用对手的弱侧 ……………………………（123）
五、全场3区域攻守转换：利用对手的弱侧 ………………………（124）

进球分析：长传转移到弱侧进行突破 ………………………………（125）
本节训练单元（2个训练项目） ……………………………………（127）
一、5区域：快速突破与转移进攻（1）……………………………（127）
二、5区域：快速突破与转移进攻（2）……………………………（128）

进球分析：创造和利用边路空当（1）………………………………（129）
进球分析：创造和利用边路空当（2）………………………………（130）
本节训练单元（5个训练项目） ……………………………………（131）
一、从后场快速完成防守反击 ………………………………………（131）
二、快速配合、接应和射门 …………………………………………（132）
三、攻守转换：快速配合、接应和射门 ……………………………（133）
四、3区域4对3反击进攻 ……………………………………………（134）
五、3区域4对4反击进攻 ……………………………………………（135）

进球分析：后场突破——延迟传球造成对方防守失衡 …………（136）
本节训练单元（2个训练项目） ……………………………………（138）
一、场地比赛：后场攻守转换中的接应 ……………………………（138）
二、后场攻防转换快速突破防线 ……………………………………（139）

第五章　中场由守转攻 ………………………………………………（140）

进球分析：中场突破——延迟传球打破后防平衡 ………………（141）
本节训练单元（3个训练项目） ……………………………………（143）
一、抢断球、运球、延迟最后一传、射门 …………………………（143）
二、抢断球，并在对手防守下运球和延迟传球 ……………………（144）
三、抢断球、运球、前场延迟传球 …………………………………（145）

进球分析：中场控球——突破前场防线（1） ……………………（146）
进球分析：中场控球——突破前场防线（2） ……………………（148）
本节训练单元（3个训练项目） ……………………………………（150）
一、3区域：断球和快速反击 ………………………………………（150）
二、中场防守反击（1）………………………………………………（151）
三、中场防守反击（2）………………………………………………（152）

进球分析：多选择快速反击 …………………………………………（153）
本节训练单元（3个训练项目） ……………………………………（154）
一、2对2、3对2由守转攻对抗 ……………………………………（154）

　　二、两区域接应：快速突破进攻 ……………………………………（156）

　　三、3对2进攻/防守比赛：接应 ………………………………………（157）

第六章　前场由守转攻 ……………………………………………（158）

　进球分析：由攻转守后由守转攻（1）……………………………………（159）

　进球分析：由攻转守后由守转攻（2）……………………………………（161）

　本节训练单元（4个训练项目）……………………………………………（162）

　　一、无对手练习：传球、紧逼和快速突破 ………………………………（162）

　　二、动态比赛：控球、抢球和反击（1）…………………………………（164）

　　三、动态比赛：反击进攻（2）……………………………………………（166）

　　四、动态比赛：反击进攻（3）……………………………………………（166）

第七章　从后场到前场的进攻组织 ……………………………（167）

　进球分析：从后场传球突破中场（1）……………………………………（168）

　进球分析：从后场传球突破中场（2）……………………………………（169）

　本节训练单元（5个训练项目）……………………………………………（170）

　　一、3区域练习：控球和向前传球 ………………………………………（170）

　　二、3区域练习：6对6(+2)控球和向前传球 ……………………………（171）

　　三、传球突破中场的转移进攻 ……………………………………………（172）

　　四、3球队动态转移练习：传球突破中场防线 …………………………（173）

　　五、5区域练习：传球突破中场防线和射门 ……………………………（174）

　进球分析：从后场通过中场进攻组织（1）………………………………（175）

　进球分析：从后场通过中场进攻组织（2）………………………………（177）

　本节训练单元（2个训练项目）……………………………………………（178）

　　一、5区域9对9（+2）控球 ………………………………………………（178）

　　二、1对1、2对2、3对3区域练习：从后场组织进攻 …………………（180）

　进球分析：通过边路4对4组织进攻 ………………………………………（181）

　本节训练单元 …………………………………………………………………（182）

　4对4从后场通过中路区域组织进攻 ………………………………………（182）

　进球分析：在罚球区附近创造1对1及2对1局面 …………………………（183）

　本节训练单元（3个训练项目）……………………………………………（184）

　　一、"两端区域为目标"的3对3（+3）控球 ……………………………（184）

　　二、"两端区域为目标"的5对5（+1）控球 ……………………………（185）

　　三、9区域10对10动态练习：通过中场的组织进攻和接应 ……………（186）

训练大纲及图例

1. 进球分析
2. 源于进球分析的完整训练计划
● 技术性/职责性无对手练习
● 战术性有对手训练
● 进攻战术和多样性

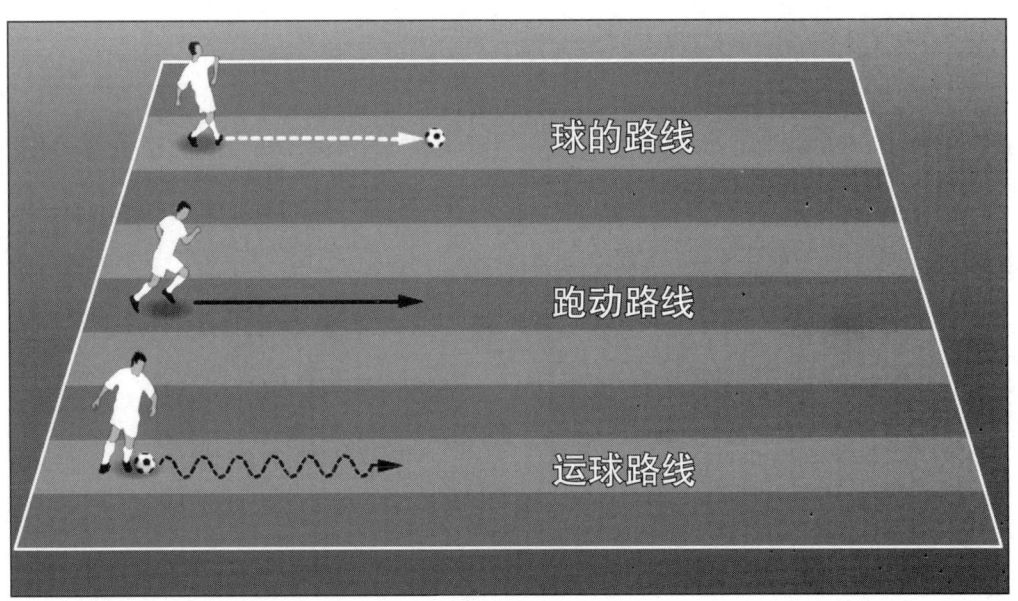

2011—2012赛季皇家马德里比赛数据

在2011—2012赛季西班牙足球甲级联赛中，皇家马德里是进攻最好的球队，整个赛季比巴塞罗那多7个进球，并最终以9分优势获得西甲冠军。

排名	球队	场次	胜	平	负	进球	失球	净胜球	积分
1	皇家马德里	38	32	4	2	121	32	89	100
2	巴塞罗那	38	28	7	3	114	29	85	91

皇家马德里场均进球3.18个

在38场西甲联赛中，35场均有进球

进球数最多的比赛为2011年11月6日对阵奥萨苏纳

 7 : 1

皇家马德里是如何做到进攻如此之好、进球数如此之多的呢？

我们用什么样的练习方法可以达到相似的训练结果呢？

穆里尼奥进攻战术概要

皇家马德里是如何辨别局势，找到对付采用不同战术对手的解决方法呢？

分析穆里尼奥对付不同球队的战术：
- 哪支球队后场密集防守？
- 哪支球队中场紧逼防守？
- 哪支球队前场紧逼防守？

在攻守转换过程中，皇家马德里是怎么做到进球数如此之多的呢？我们分析到：
- 控球，后场组织进攻。
- 控球，中场组织进攻。
- 控球，前场组织进攻。

在比赛由守转攻中，皇家马德里非常出色，被誉为"世界上组织进攻最好的球队"。

皇家马德里主力球员名单

2011-2012赛季（4-2-3-1阵型）

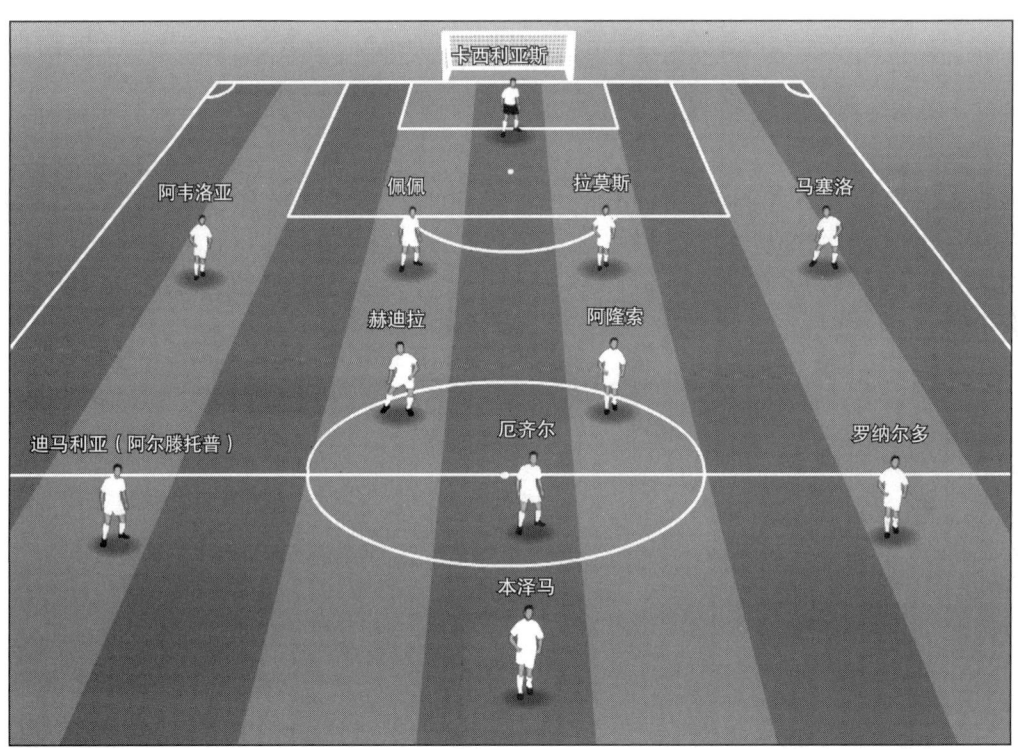

第一章　应对密集防守球队

在2011—2012赛季西班牙足球甲级联赛中，皇家马德里遇到了很多采用密集防守战术的球队。在这些比赛里，主教练何塞·穆里尼奥和他的球员们必须想出对策来应对这些在后防线上安排众多球员进行防守（最少8人）的球队。他们需要突破严密的防守并创造进球机会。这其中有两个要素，一是挖掘自身的进攻优势（个人方面和团队战术方面），二是发现对手的弱点。我们概括了皇家马德里在应对密集防守球队时战术方面的6点结论：

1. 有的球队在后防线上虽然防守球员众多但防守并不积极，这些防守球员将主要精力用于封锁球场空间而不是控制持球球员，当面对这样的对手时，皇家马德里采取快速配合的进攻方式。3名球员之间的配合尤其值得注意（利用第三人跑位）。

2. 遭遇两个边路防守较弱的球队时，皇家马德里尝试采用1对1战术，尤其是让罗纳尔多从左路进攻。其他球员会给左前锋罗纳尔多和右前锋迪马利亚留出空间，并利用时机恰当的跑位在罚球区占据有利位置。

3. 若遭遇罚球区附近实施密集防守的球队时，皇家马德里会让边后卫从边路上前助攻，并且最少有4名球员进入罚球区。两名中路的中场球员在罚球区外站位以保持球队平衡，并准备随时组织二次进攻或充当对方反击的第一防守人。

4. 当对手组织严密且针对球的防守时，皇家马德里的目标是控制球权并快速转移。皇家马德里球员能很好的利用球场宽度，快速而有效地将球从对手的防守强侧转移到弱侧，从而改变比赛的局势。

5. 当对手的众多球员集中在中场时（后卫线上就会有空当），皇家马德里就会利用边路球员的人数优势（2对1）。所以当球传到边路时，一名球员（中场或前锋）会在对手后卫身后或后卫和中场防守球员之间从中路进行斜插跑位。

6. 最后，当要从中路进攻，特别是对方不对持球球员进行紧逼时，皇家马德里也有很多进攻方法。皇家马德里球员会运用出色的运球能力突破对手中路防守的后卫，创造机会射门，或者突破对手后防线中速度较慢的中后卫。

进球分析：二过一配合与快速射门

2012.01.14

马洛卡1：2皇家马德里（第1个进球），厄齐尔助攻伊瓜因。

厄齐尔从左路内切并和本泽马完成一次二过一配合。此时对手很难跟防，由此造成对手防守失衡。

一名防守球员向前阻拦厄齐尔，伊瓜因乘机跑位到防线后的空当，厄齐尔把握好时机将球传给空当里的伊瓜因。

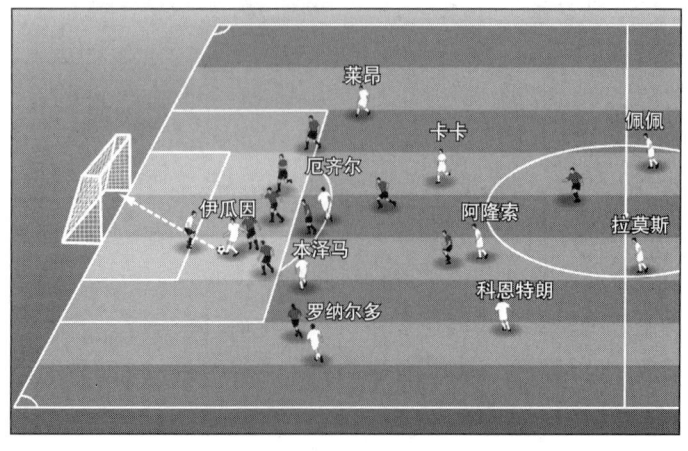

伊瓜因接球射门得分。

第一章

本节训练单元（7个训练项目）

一、传球与二过一配合

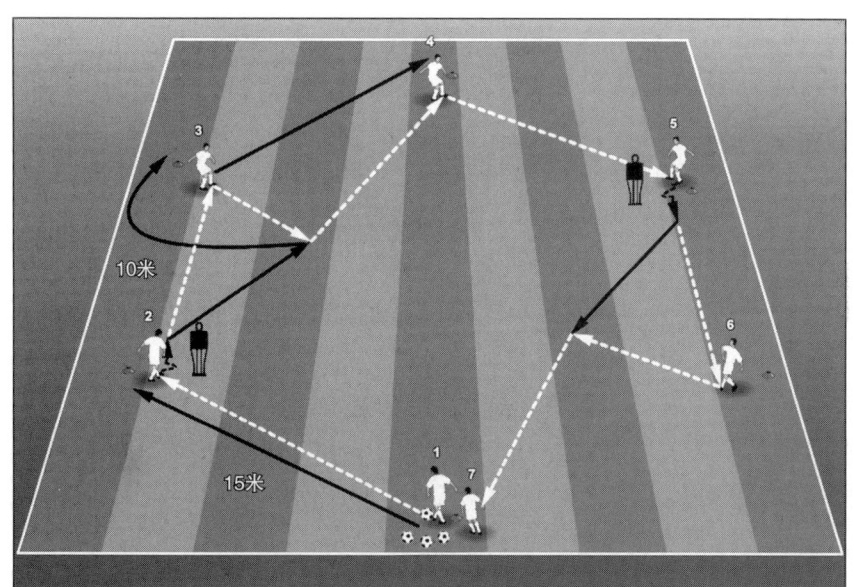

1. 训练目标
提高团队配合中的二过一和精准传球。

2. 组织方法
在一块30码×30码的场地内（1码=0.9144米。下同），7名球员、6个标志物和2个假人。

1号球员将球传给2号，然后跑到2号的起始位置。2号球员将球传给3号后向内跑动并接回传球，然后传给4号（3号球员移动到4号的起始位置）。当4号球员第一次传球时，即在图中另一边重复上述训练流程。球最后传到7号球员时，他又变成1号球员，整个训练流程重新开始。

3. 训练要点
（1）重点在于2号和5号球员的第一次触球要准确定向，为第二次触球创造条件。

（2）身体姿势要正确，用后脚接、传球（离球远的那只脚）。

（3）在训练的每一步中，根据距离远近用脚的不同部位踢球。球员必须要预见下一步移动，以保证整个训练过程的流畅。

（4）传球的准确性、力量以及球员间的良好交流是关键。

变换形式

二、快速二过一配合

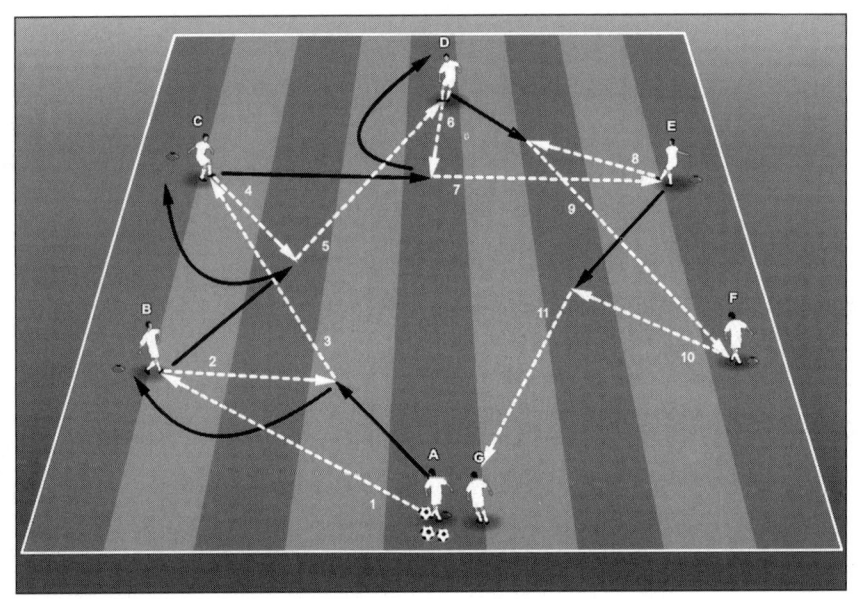

1. 训练目标
提高团队配合中的二过一和精准传球。

2. 组织方法
起始位置同练习一。球员A将球传给球员B后向内跑动，B将球回传给A，A接球后传给C。然后B向内跑动，C将球回传给B，B接球后再传给D。接着继续按图中标注的数字顺序进行练习。最后E将球传给G后，再由G重新开始。

所有球员第二次传球后都要跑到下一个位置（A到B、B到C等）。球员应该一脚传球。在位置D多安排一个球员，让A处和D处同时开始进行训练。

3. 训练要点
（1）传球准确、力量适中。
（2）跑动的节奏和传球的时机是关键。
（3）确保所有球员都要和队友进行交流。

第一章

拓展训练

三、二过一配合与射门

1. 组织方法

这个练习为位置训练，需要2名中后卫或中场球员、2名边后卫、2名边前锋和一名中锋。

中后卫或中场球员（4号球员）传球给边后卫（3号球员）。左后卫3号向前运球然后将球传给左前锋（11号球员），之后向内跑动准备接11号球员回传球。3号球员接球后向前运球，把握好时机将球传向防线后9号中锋跑动的空当处，9号球员在防线后接球射门。9号球员要先横向跑动，然后再斜线跑动以防止越位。

2. 训练要点

（1）传球准确、力量适中。

（2）对球员跑动和接球时机的判断很重要。

（3）3号球员需要向前运球绕过标志物，并快速向内突破。

变换形式

四、两种选择的二过一配合与射门

1. 组织方法

起始位置与练习三相同,但在球场中间安排2名中场球员,在边路区域安排边前锋和中锋进行进攻配合(不是后卫)。

边前锋11号像练习三的后卫一样进行二过一配合,但在这个练习中,在防线后有两个传球选择(传给7号或9号)。第一个选择是传给7号球员直接射门。

第二个选择是传给9号球员,该位置有利于插入。然后7号球员向有球一侧跑动,11号球员向另一侧跑动,同时中场球员6号和8号向前跑动进入罚球区。

从左右两边都可以进攻。从右边进攻,由8号球员将球传给7B球员,7B和9B球员进行二过一配合,然后向内运球。7B球员也有两个传球选择,即传给罚球区外的9B,或者传给向防守球员身后斜线跑动的11B。

2. 训练要点

向防线后方的跑位要及时,要在正确的位置以一定的斜线或角度跑动避免越位,并且掌握好接球时机。

第一章

变换形式

五、连续二过一配合与射门

组织方法

起始位置同练习三。边前锋11号球员接球后回传给6号中场球员,再由6号球员将球传给9号。同时,边前锋向内跑动接球,不过这次边前锋要将球直接传到防线后方去。

边前锋有两个传球选择,一是将球传给左侧的9号球员,二是从对方边后卫和中后卫之间传给7号球员射门。

拓展训练

六、小场地二过一配合与射门

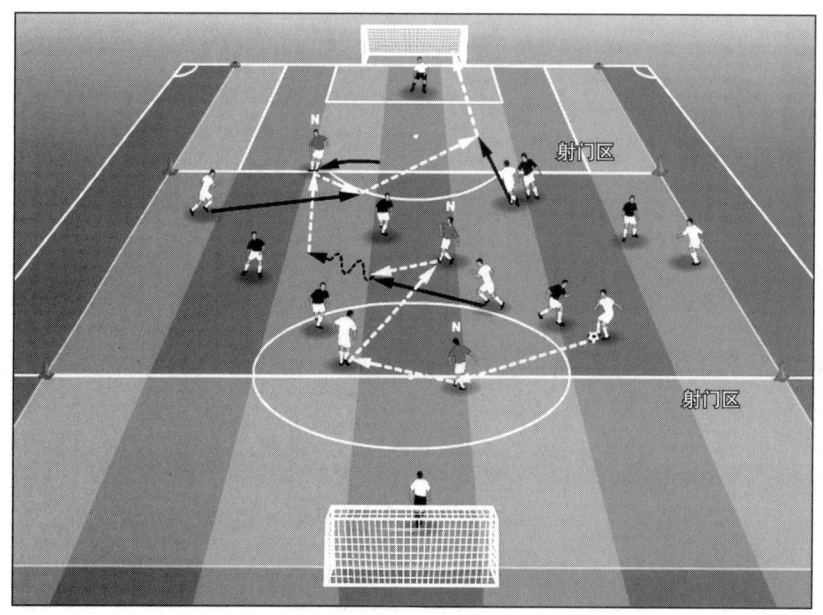

1. 训练目标
提高二过一配合和后防线后方的射门能力。

2. 组织方法：7对7（+3名中立球员）
将一块70码×55码的场地分为3个区域：中间区域38码×55码、两个"射门区"各16码×52码。在中间区域两队各有6名球员排成2-3-1阵型，3名中立球员协助控球方（中间区一名、两个射门区各一名）。

进攻方要和中立球员配合好。在球传给射门区一名球员射门前，其他球员要在射门区和中立球员完成一次第二接应人的二过一配合。

3. 可选规则
（1）防守球员不得进入射门区，但允许有限的接触。
（2）防守球员允许进入射门区，但要消极防守。
（3）射门区里防守球员要比进攻球员少一名。
（4）射门区里防守球员可自由防守，且不限制接触。

4. 训练要点
（1）鼓励采用第二接应人的二过一配合打破紧逼防守，加快球场上的跑动。
（2）射门区的进攻球员射门既要快也要准。

第一章

拓展训练

七、4区域比赛中的接应跑动

1. 训练目标

提高二过一配合和后防线后方的射门能力。

2. 组织方法

9对9。如图所示，将一个标准球场的半场分为4个区域。在球场中线上放置3个球门，中间一个标准球门，两边各一个小球门。白队防守3个球门，红队只需防守对面的一个球门。

两队各8名球员。白队采用2-2-3-1阵型（或者4-3-1阵型），即两名后卫、两名中前卫、两名边前锋、一名进攻型中场和一名中锋。红队采用4-4阵型。在两个边路区域，只允许两队的边路球员进入（两队的2、3、7和11号）。白队控制球权，一定要配合好，在红队防线后方的射门区多利用第二接应人完成二过一配合创造进球机会。

红队在射门区做好防守，断球后可以进行反击，向白队3个球门中的任一个射门。球出界后，由白队守门员发球，比赛重新开始。

3. 可选规则（包括提高训练规则）

（1）红队2、3、7和11号不得进入中间区域。

（2）红队2、3、7和11号可以进入中间区，但要消极防守。

（3）红队2、3、7和11号可以进入中间区，并且积极防守。

（4）红队可以抢截白队球员，但球在运动中时不能断球。

（5）红队可以自由攻防。

（6）白队只防守一个球门（中间的大球门）。

4. 训练要点

（1）在这个训练中，助攻球员的站位、移动的角度和距离很重要。

（2）接球的边前锋向内移动要快。

（3）既要有向队友脚下的传球，也要有向空当的传球。

（4）射门前的传球和跑位要协调好，以防越位。

（5）在紧逼和抢断对手的传球时，4名防守队员组成的两条防线要行动一致、密切配合。

第一章

进球分析：与第二接应人的一脚传球配合

2012.01.28

皇家马德里3：1萨拉戈萨（第3个进球）：卡卡助攻厄齐尔。

阿隆索直传球给罗纳尔多，因为身后有防守球员紧逼，罗纳尔多将球回传给格拉内罗。

格拉内罗运球向内突破打乱对方防守阵型，同时厄齐尔从反方向往内斜插。

第一章

格拉内罗将球传给卡卡，卡卡直接将球传给向罚球区跑动的厄齐尔（第二接应人跑位的二过一配合）。

厄齐尔接球射门得分。

本节训练单元（5个训练项目）

一、短传与长传配合

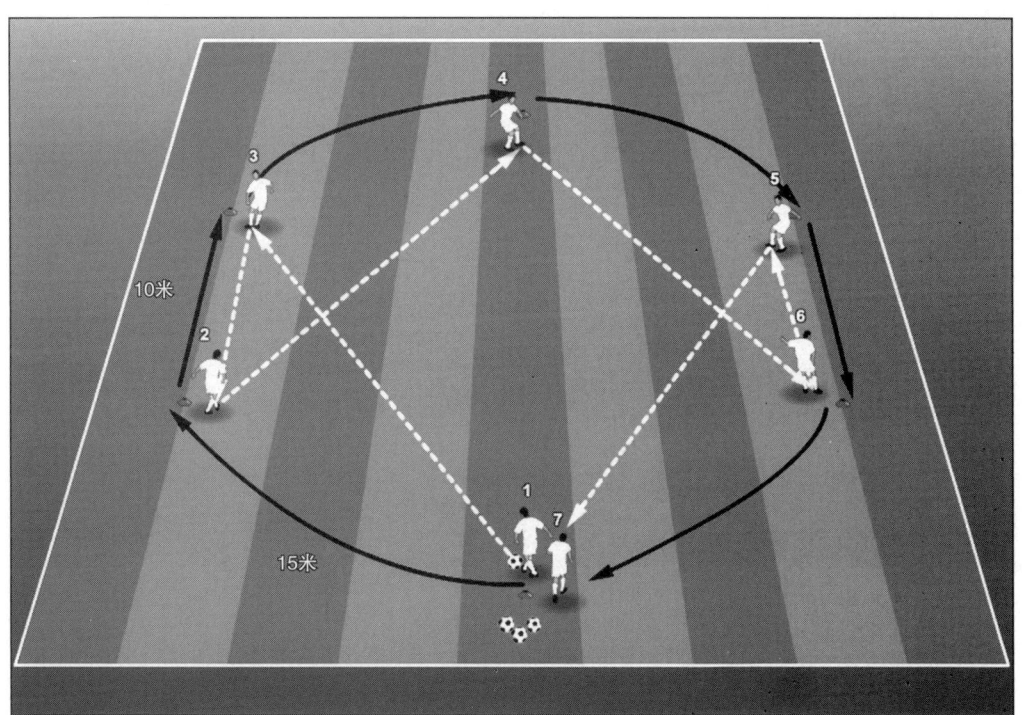

1. 训练目标
提高一脚传球的比赛能力。

2. 组织方法
在30码×30码的区域内，7名球员、6个标志物（首尾各1个，两侧4个）。

练习开始，1号球员将球传给3号，3号回传给2号，2号传给4号，4号一脚触球传给6号，6号再传给5号，5号传回起始点，此时7号球员替换1号球员的位置。所有球员传球后跑到下一个位置（1号到2号位、2号到3号位，以此类推）。

3. 训练要点
（1）球员须确保一次触球成功，从而保持训练的流畅性。

（2）减少接球和传球的间隔，在可能时发展成一脚传球。

（3）传球时应保证合适的力量，并将球直传到队友面前。

（4）快节奏完成练习。

拓展训练

二、快速传球配合：第二接应人跑位和射门（1）

1. 训练目标

提高第二接应人二过一配合的能力。

2. 组织方法

将40码×40码的场地分为两个区域。左右各一队。各队按图示的5个位置开始练习。

位于1号位的1号球员（可能是后腰或中场）传球给3号，3号立即将球回传给2号，2号斜传给4号。当球移动时，5号球员斜插到空当，接4号球员的传球后完成射门。

3. 训练要点

（1）最重要的是第二接应人的跑动时机。当球从2号位传到4号位时（如图），该球员需要对球的运动轨迹进行预判并提前开始跑动。

（2）传球力量是关键，要让球员刚好可以接到球。

（3）3号球员传球时需要减缓传球速度，使2号球员能够从容地完成传球。

第一章

拓展训练

三、快速传球配合：第二接应人跑位和射门（2）

1. 训练目标

提高第二接应人二过一配合的能力。

2. 组织方法

这个练习进行的是位置训练，主要包括后腰（或中场）、后卫、边前锋、前腰和中锋。训练开始，后腰将球斜传给左边路的边前锋，边前锋立即将球回传给左后卫（或左中场），左后卫再将球传给中锋。球在移动时，前腰斜插到后防线后方的空当（图示），接中锋的传球完成射门。

3. 训练要点

（1）在移动接球前，所有球员都要创造空间（注意观察）。

（2）第一次触球需出脚精确快速。第二次传球需要减缓传球速度，使下一名球员能从容接球并继续传球。

（3）当球传向前锋时，第三攻击点球员需要进行预判并开始跑动。

（4）最后一传和向防线后方的跑动需要恰当的时机。

拓展训练

四、小场地比赛中的直传和第二接应人跑位

1. 训练目标

提高第二接应人二过一配合的能力。

2. 组织方法

7对7（+5名中立球员）。将70码×55码的场地分为3个区域：中间区域55码×34码、两个"射门区"55码×18码。在中间场地两队各有6名球员，采用2-3-1阵型，5名中立球员与控球方同队。为进入"射门区"，控球方必须和一名中立球员完成一次二过一配合，使第二接应人在防线后方接球并完成射门。

3. 可选规则

（1）"射门区"里没有后卫，但应控制触球次数。

（2）"射门区"里可以出现后卫，但必须消极比赛。

（3）"射门区"里后卫必须比前锋少1人，但限制前锋触球次数。

（4）"射门区"里后卫积极比赛，触球次数不限。

4. 训练要点

（1）在练习中，接应球员合理的站位/跑动角度和距离非常重要。

（2）必须有多形式的传球，传脚下、传空当和二过一配合。

（3）当队员想跑到空当接球时，球员之间应当有眼神和语言上的交流。

（4）在这个练习中，跑动和将球传到"射门区"的时机是成功的关键。

（5）射门要果断（若可能，则第一时间），而且要瞄准。

拓展训练

五、4区域比赛中的快速传球配合和第二接应人跑位

1. 训练目标

提高第二接应人二过一配合的能力。

2. 组织方法

9对9。将半场分为4个区域（如图所示）。4个球、中间区域的底线上放置两个标准球门、两个小球门放置在两侧区域的中线上。除守门员外两队各有8名球员。白队采用2-2-3-1阵型（2名后卫、2名中场、2名边前锋、1名前腰，1名中锋），另一队（红队）使用4-4阵型。

只有边前锋（各队的2、3、7、11号球员）可以进入边路区域。为进入"射门区"，白队必须完成第二接应人跑位的二过一配合，使第二接应人在防线后方接球。

当球进入"射门区"时，另一队可以在"射门区"防守。红队可以将球射入3个球门之中的任意一个，但应限制触球次数或时间（6~8次传球或8~10秒）。若红队射入小球门得分，记1分，若射入大球门得分，记2分。

3. 可选规则（包含步骤）

（1）红队的2、3、7、11号球员不能进入中间区域。

（2）红队的2、3、7、11号球员在中间区域只能消极防守。

（3）红队的2、3、7、11号球员可以进入中间区域并积极防守。

（4）当球运动时，红队可以逼抢白队球员，但不能断球。

（5）红队可以自由活动。

（6）只给白队一个球门防守（中间球门）。

4. 训练要点

（1）训练的要点与之前相同训练的要点一致。

（2）指导接应球员正确的站位和距离。

（3）球员应该在跑动接球前观察（传脚下或空当）。

进球分析：第二接应人后插上和防线后的射门

2012.03.04

皇家马德里5：0西班牙人（第2个进球）：厄齐尔助攻赫迪拉。

阿韦洛亚向内运球。

阿韦洛亚传给中路的赫迪拉，在罚球区前形成5对5的局面，两个边路各有1名接应球员。

第一章

赫迪拉将球传给罗纳尔多的同时从后插上。

罗纳尔多将球传给厄齐尔，厄齐尔一脚出球传向赫迪拉的跑动路线。

赫迪拉在罚球区内接球，在近门柱射门得分。

本节训练单元（7个训练项目）

一、向内运球，为第二接应人后插上创造空间（1）

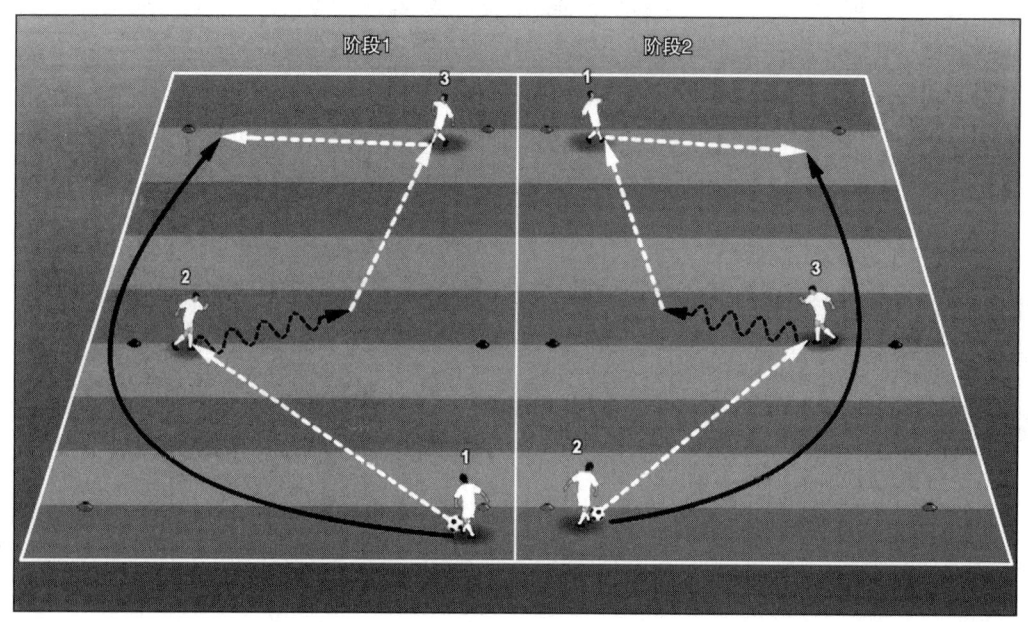

1. 训练目标
提高第二接应人的二过一配合能力。

2. 组织方法
在8码×16码的场地内安排3名球员。

（1）阶段1：1号球员将球传给2号后从后插上（如图），2号球员向内运球并将球传给3号，3号球员一脚出球传给后插上接球的1号。

（2）跑动：3号球员向左侧跑动至中间（右侧）标志物处，2号球员跑动至左下标志物处。1号球员垂直传球给2号球员。下一次练习的顺序从左下标志物处开始。

（3）阶段2：由左下标志物处的2号球员开始，按反方向进行训练。2号球员将球传给3号后从后插上（如图），3号球员向内运球并将球传给1号，1号球员一脚出球传给2号，2号跑动接球。

3. 训练要点
（1）第一名球员传球一结束就进行后插上跑动。

（2）球员需要沟通好跑动和传球的配合时机，以确保传球力量适宜和路线精确。

（3）2号球员应快速向内运球（为后插上球员创造空间）。

拓展训练

二、向内运球，为第二接应人后插上创造空间（2）

1. 组织方法

练习同上，完成后插上后射门。在这一次练习中分为两个小组进行，一组从左侧场地开始，另一组从右侧场地开始。在训练中，所有球员都要在两侧进行练习。

2. 训练要点

（1）球员应使用双脚完成练习。
（2）若可能，一脚触球直接完成射门。

拓展训练

三、传接配合：第二接应人后插上及最后一传

1. 训练目标
提高第二接应人的二过一配合能力。

2. 组织方法
这个练习为位置训练，包括中场球员、后卫、边前锋、一名前腰和一名中锋。

练习开始，左后卫（3号球员）将球横传给中场球员（8号球员）。8号球员向前跑动接球后将球传给前腰（10号球员），并从10号球员身后插上。10号球员将球传给中锋（9号球员），9号球员立即将球传入防线后方空当，8号球员跑动接球并完成射门。

下一次练习按照反方向进行，始于右后卫（2号球员）传球给6号球员。

3. 训练要点
（1）3号球员的传球应该保证足够的力量，并传向8号球员向前跑动的路线前。

（2）中场球员（8号）将球传给10号球员后立即跑动从后插上。

（3）9号球员的传球力量和时机要合适，应恰到好处地传到后插上球员的空当处。

变换形式1

四、向内运球，第二接应人后插上及最后一传

组织方法

此练习的开始同练习三。左后卫（3号）将球传给中场球员（8号）。变换之处在于，8号球员向内运球后将球传给左边锋（11号），然后从11号球员身后跑动插上。11号球员向内运球并传给中锋（9号），9号球员立即将球传入防线后方空当，8号球员跑动接球并完成射门。

下一次练习按照反方向进行，即右后卫（2号）将球传给6号球员，6号再与右边锋（7号）配合。

变换形式2

五、向内运球，第二接应人后插上、接应和最后一传

组织方法

此练习的开始同练习四。左后卫（3号）将球传给中场球员（8号）。8号球员向内运球后将球传给左边锋（11号），之后从其身后跑动插上。11号球员向内运球传给中锋（9号）。

变换之处在于，中锋背对球门（就好像迫于身后防守者的压力）立即回传给前卫/前腰（10号），10号球员立即将球传入防线后方空当，8号球员跑动接球并完成射门。

下一次练习按照反方向进行，由右后卫（2号）传给6号球员，6号再与右边锋（7号）配合。

拓展训练

六、小场地比赛：第二接应人后插上跑动（1）

1. 训练目标

提高第二接应人的二过一配合能力。

2. 组织方法

7对7（+5名中立球员）。将70码×55码的场地分为3个区域：中间区域为55码×34码、两个"射门区"为55码×18码。除守门员外两队各有6名球员，采用2-3-1阵型，5名中立球员与控球方同队。为进入"射门区"，球员必须完成第二接应人后插上跑动并在防线后接球。

3. 可选规则

（1）"射门区"里没有后卫，但应控制触球次数。

（2）"射门区"里可以出现后卫，但必须消极防守。

（3）"射门区"里后卫必须比前锋少1人。限制前锋触球次数。

（4）"射门区"后卫积极防守。

变换形式

七、小场地比赛：第二接应人后插上跑动（2）

1. 组织方法

7对7（+3名中立球员）。与上一练习的区别在于，只有3名中立球员（而不是5个），一个在中间区域，两个在两侧边路区域。

2. 训练要点

（1）在练习中，接应球员站位/跑动的正确角度和距离非常重要。

（2）必须多形式传球，如传脚下、传空当和二过一配合等。

（3）当球员想跑向空当接球时，应有眼神和语言上的交流。

（4）在这个练习中，跑动和将球传入"射门区"的时机是训练成功的关键。

（5）射门要果断（若可能，则第一时间），并要瞄准。

第一章

进球分析：边路1对1，从中路插入罚球区（1）

2011.10.22

马拉加0：4皇家马德里（第2个进球）：迪马利亚助攻罗纳尔多。

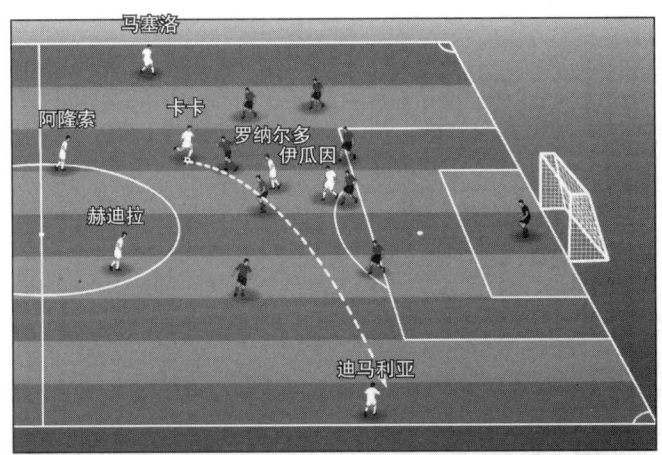

在中路有许多球员，所以卡卡将球长传给边路的迪马利亚，改变进攻方向。同时，队友扯动为迪马利亚创造空间。

在右路，迪马利亚1对1面对左后卫用左脚传中，将球传向后卫身后罚球点区域给向前插上的罗纳尔多、伊瓜因和卡卡。

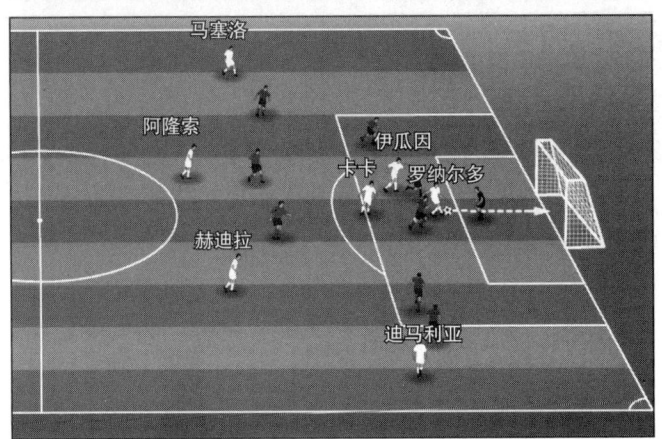

所有球员都在球门前的空当处，罗纳尔多速度最快抢在防守队员之前直接射门得分。

进球分析：边路1对1，从中路插入罚球区（2）

2012.03.18

皇家马德里1：1马拉加：罗纳尔多助攻本泽马。

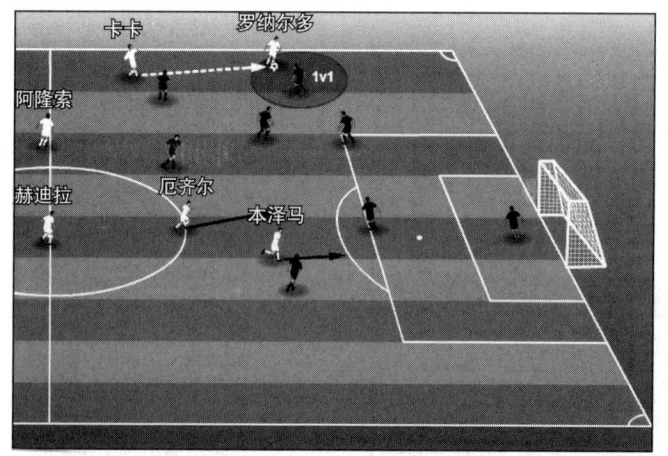

卡卡在边路将球传给罗纳尔多，其他队员扯动，为罗纳尔多在左路形成1对1创造空间。

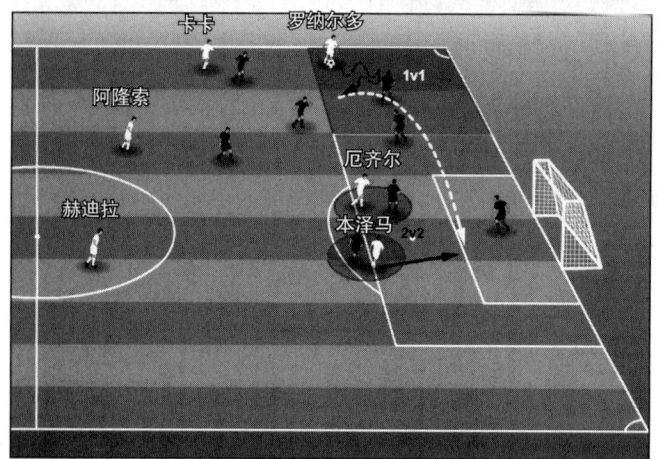

罗纳尔多利用出色的运球技术向右侧变向，然后传中，将球传到防线后面。厄齐尔向近门柱跑动、本泽马向远门柱跑动。

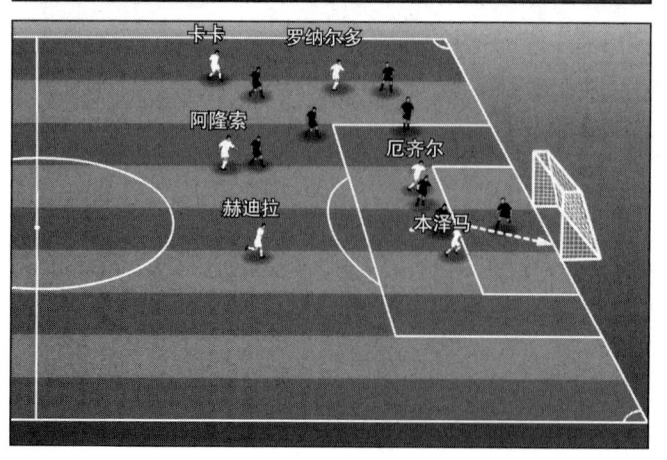

本泽马在后门柱头顶球攻门得分。

进球分析：边路1对1，从中路插入罚球区（3）

2012.03.31

奥萨苏纳1：5皇家马德里（第5个进球）：罗纳尔多助攻伊瓜因。

罗纳尔多左路运球，队友扯动为其创造空间。

罗纳尔多在左路1对1，其他球员插入罚球区，一个在近门柱（伊瓜因），一个在远门柱（本泽马），迪马利亚则从右路向内插入罚球区，在罚球区内形成2对2或3对3的局面。

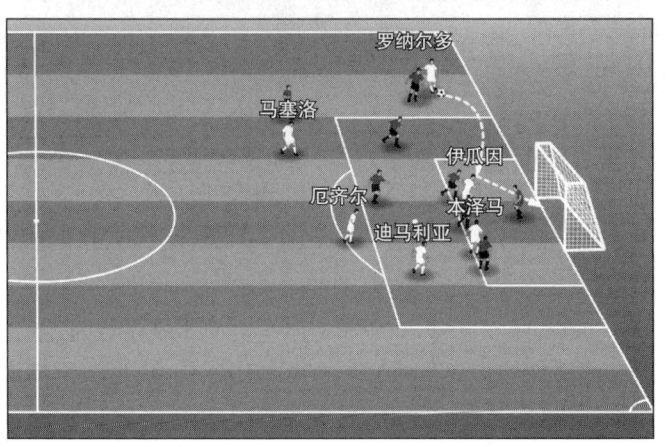

罗纳尔多传中球至近门柱，伊瓜因头顶球射门得分。

本节训练单元（6个训练项目）

一、短传和射门的跑动时机

1. 训练目标

提高传中和射门能力（传接配合）。

2. 组织方式

在40码×40码的场地内，12名球员在6个起始位置用两个球门进行练习。两名球员在右边路的两端站位、两名在左边路的两端站位、4名球员在中间区域、两名守门员。

训练由两名A球员开始。他们将球传给中场对面球员（B）。B球员一脚出球短传给中场球员（C），C将球传给另一端的D。A球员在传球后迅速向前跑动接D球员的传球并横传门前。两名C球员曲线跑动到对方球门后门柱、两名B球员跑到对方球门的近门柱，完成射门。

然后球员交换位置再次进行练习（A和D同侧交换、两名B球员交换位置，C球员同样）。同样，左右两侧的队员也需要交换进行训练。

3. 训练要点

（1）这个练习需要多形式传球——长传球传脚下、缓慢的短传和传空当球。

（2）球员需要跑动离开所在区域然后接球，创造空间能使球员更容易一次触球。

（3）为了保证练习的流畅性，两边传球和跑动时机需要同步进行。

（4）为了保证第一时间射门，最后攻门和向近门柱或远门柱的跑动需要相互配合。

拓展训练

二、位置练习中的转移进攻和传中

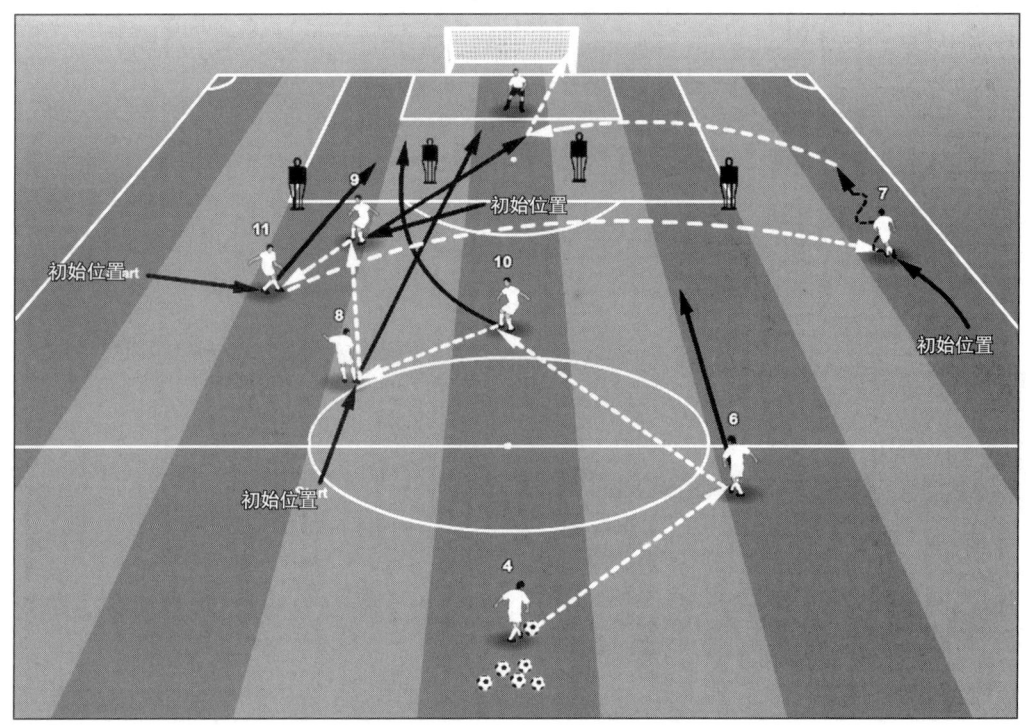

1. 组织方法

使用2/3球场，如图设置4名防守假人。按照4-2-3-1阵型将球员安排到7个位置，即1名中后卫和所有的中场球员和前锋。

中后卫（4号）将球传给中路的中场球员（6号）。6号直传前腰脚下（10号），10号第一时间将球传给另一名中场球员（8号）。前锋（9号）接应并接8号的传球。9号球员第一时间传球给内切的11号，11号再长传给右前锋（7号），将进攻方向转移到右侧。7号球员运球到底线，将球横传至罚球区。

4名球员插入罚球区。前锋跑动到近门柱、10号球员跑动到远门柱，其他两名球员随后插入：一名在（8号）身后，另一名从另一侧插入罚球区（11号）。

2. 训练要点

（1）球员需要离开初始位置跑动接球。

（2）在自己的位置区域内接应时，球员需要占据正确的位置和距离。

（3）当11号球员改变进攻方向，传球必须准确，恰到好处地传到7号球员跑动接球的路线上。

（4）球员需要掌控好跑动和传球的节奏与时机。

拓展训练

三、边路1对1：边路传中和射门

1. 训练目标

提高边路1对1，以及传中、射门和插入罚球区的时机。

2. 组织方法

使用半场，将其划分为长度是罚球区两倍长度（36码）的3个区域，中间区域进行2对2、边路区域进行1对1对抗练习。

中场球员（8号）开球，传给左路或者右路的球员（蓝色6号是消极防守球员）。边前锋（7号或11号）进入1对1对抗区域，目标是突破防守球员，将球横传给罚球区内的队友射门得分。在中间区域是试图射门得分的进攻球员和阻止得分的防守球员形成的2对2对抗局面。白色8号球员向前跑动，消极防守球员（蓝色6号球员）跟随防守，形成3对2（+1）的局面。

不同的规则：蓝色球员消极防守；蓝色的中后卫消极防守，但是边后卫积极防守；所有的蓝色球员积极防守。

3. 训练要点

（1）球员需要在跑动接球或在罚球区找到空当前摆脱防守球员。

（2）出色的运球和近距离控球技术是边路1对1取胜的关键。

（3）进攻球员需要抓住良好时机插入罚球区，以便第一时间完成射门。

（4）进攻球员需要相互交流，以便一名球员跑向近门柱，另一名跑向远门柱。

（5）在紧逼防守下完成准确的传中和射门。

变换形式

四、中路和边路1对1

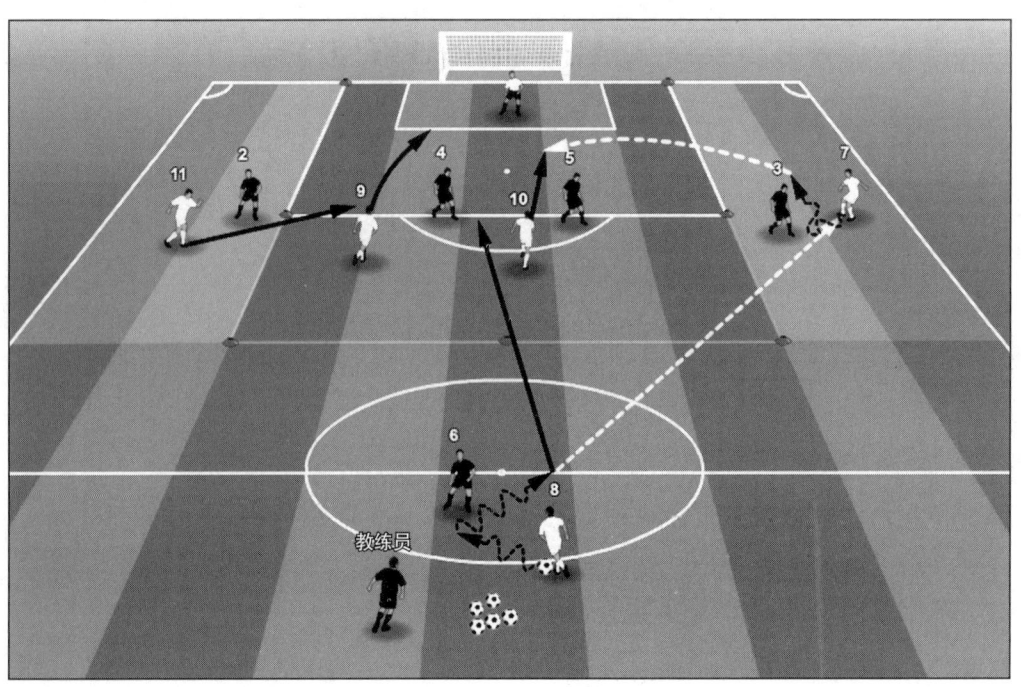

1. 组织方法

这个练习与上一练习具有两个重要的区别。

（1）蓝色防守球员（6号）积极防守，旨在阻断8号球员将球传到边路。

（2）此时当一侧边前锋横传罚球区时，另一侧的边前锋（图中的11号）也要插入罚球区试图得分。

2. 不同规则

（1）蓝队的后卫不准进入中间区域。

（2）蓝队的后卫准许进入中间区域。

拓展训练

五、边路2对2：传中和射门

组织方法

在半场中标出3块区域，每个边路区域有1个小球门。中路区域进行2对2对抗练习（前腰和前锋与两名中场防守球员），边路区域也是2对2对抗练习（双方的边后卫和边前锋进行对抗）。

训练由一侧边路区域开始。边路球员必须摆脱防守球员接教练员的传球。白队要想办法向前推进，其中一个到达底端后，通过1～2次触球将球横传给罚球区内3名跑动球员。防守球员不得跟着进攻球员离开边路区域。

另一侧的边路防守球员不得离开边路进入中路区域。如果蓝队两名防守球员在边路区域获得球权，他们有6秒的时间向小球门射门得分（白队则迅速由攻转守）。

变换形式

六、边路2对2：转移进攻、传中和射门

组织方法

两名边路球员的目标是将球传给中锋，然后中锋第一时间将球传给10号球员，10号转移进攻方向，将球传到防线后方的空当，边前锋（7号球员）斜插接球并横传给罚球区中跑动的3名球员。

进球分析：罚球区内的机敏跑位与快速射门

2011.08.28
萨拉戈萨 0：6 皇家马德里（第3个进球），阿隆索。

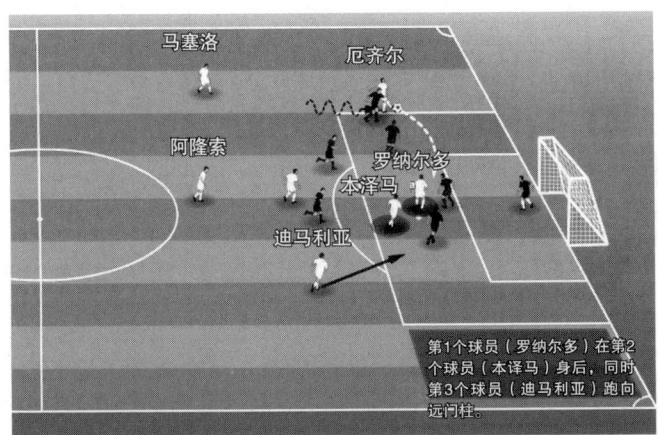

厄齐尔运球突破右后卫，将球传到罚球区，皇家马德里在近门柱有一名队员（罗纳尔多），本泽马在他身后，第三名球员（迪马利亚）向远门柱跑动。

在罚球区外也有3名球员，主要有两个原因：第一，获得可能出现的二次进攻；第二，在攻守转换中形成第一道防线。

迪马利亚接球，他的射门被防守球员阻挡。因为罚球区内球员较多（6名对方球员、4名马德里球员）。

球反弹出罚球区，皇家马德里保护很好，阿隆索面前有开阔的空间。

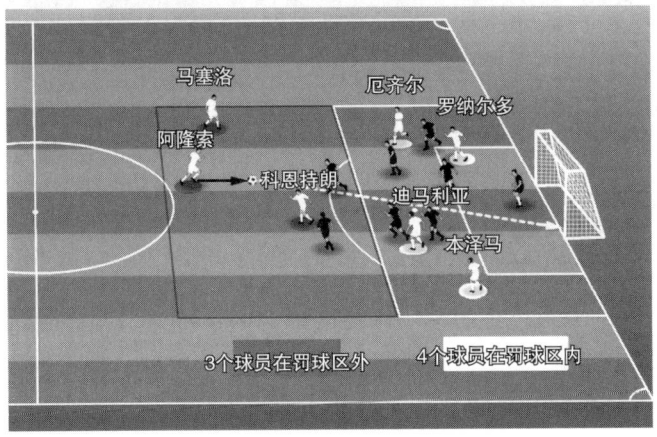

阿隆索向前跑动，迎球怒射，远射得分。

本节训练单元（3个训练项目）

一、罚球区内和罚球区外的快速射门

1. 训练目标
提高罚球区内和罚球区外的进攻配合及快速射门能力。

2. 组织方法
7对5。使用相当于两个罚球区大的区域和两个标准球门。白队采用2-3-1阵型、蓝队使用2-2阵型。在1个方格区域内，进行3对2对抗练习（中路的中场球员），另一个方格区域内，进行1对2对抗练习，即一名白队前锋和两名中场防守球员。白队的边前锋只能在两侧边路区域参与练习，不能进入方格区域。

白队的训练目标是在罚球区内外通过快速配合和创造性的进攻手段得分（他们一定使用边前锋）。这个训练一般由白队守门员开始，白队队员只有1～2次触球的机会。蓝队进球双倍得分。

3. 训练要点
（1）练习需要快速完成。
（2）进攻配合训练中需要正确和快速的决策。
（3）鼓励球员创造性发挥以及在罚球区内外射门。
（4）对于跑动队员而言，好的短距离传中球应该是准确，以及时机和力量恰到好处。
（5）球员需要准备好应对快速的由守转攻，反之亦然。

第一章

拓展训练

二、攻守转换：快速完成射门的二次进攻

1. 训练目标

提高罚球区内和罚球区外的进攻配合及快速射门能力。获得二次进攻机会以及在前场完成由攻转守。

2. 组织方法

6对5（+守门员）训练区域为进攻三区。如图所示，将此区域分成两块。使用一个标准球门和两个小球门。白队使用2-3-1阵型，蓝队使用4-1阵型。

白队首先控球展开进攻，蓝队在罚球区内外进行密集防守。白队有两名球员一直留守己方半场，准备进行二次进攻或者攻防转换。蓝队如果获得球权，可以将球射入两个小球门中的任意一个，而且最多触球5~6次。球出界后，教练员传球给白队，训练重新开始。

3. 训练要点

（1）这一训练与之前的有所不同，没有边路球员的配合，教练员需要鼓励球员运球突破，面对防守球员进行1对1时尽可能取得优势。

（2）如果白队丢球（即蓝队获得控球权），球员则需要迅速回防以免蓝队将球射入小球门（针对这一比赛情景需要大量练习，防止对方球员转身并向前直传球）。

（3）两名白队的中路中场球员需要尽力争取二次进攻机会并尝试远射。

变换形式

三、动态比赛中获得球权快速反击

组织方法

6对6（+守门员）。在这个练习中，将两块场地合并为一个大场地，设置3个小球门，一个在中路，两个分别在左右边路。边路的小门以一定角度朝向蓝队球员。球员方面，蓝队增加一名中场球员。

白队球员向大球门进攻并尽力射门得分，如果被抢断，白队球员要立刻回防阻止蓝队射入小球门得分。

如果蓝队射入边路小门，得1分；射入中路小门，得2分。球出界后，教练员给白队传球，训练重新开始。

进球分析：处于前场进攻位置的边后卫——传中和射门

2012.05.13

皇家马德里 4 : 1 马洛卡（第1个进球），马塞洛助攻罗纳尔多。

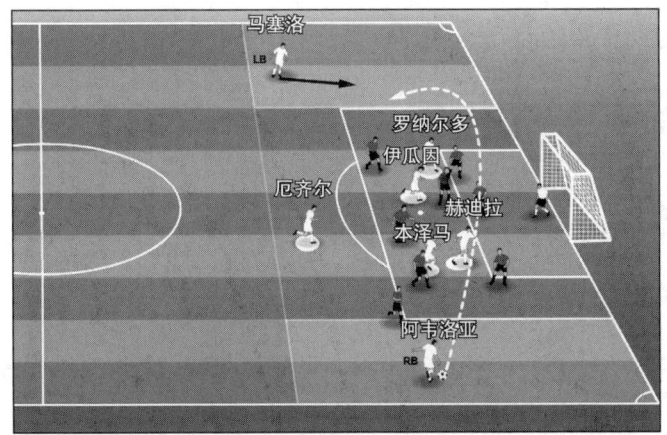

马洛卡队再次将较多球员撤回罚球区防守。阿韦洛亚从右路突破传中。在罚球区内4名皇家马德里球员、7名马洛卡球员，但传中球直接越过所有球员头顶传到左边路。

马塞洛（左后卫）传中到球门后点。皇家马德里有4名球员占据靠近球门的有利位置，罗纳尔多展示了精妙的头顶球技术，在后点破门得分。

第一章

本节训练单元（2个训练项目）

一、处于前场进攻位置的边后卫：传中和射门（1）

1. 训练目标

提高罚球区内的进攻与防守能力。

2. 组织方法

8对6（+守门员）。如图所示，在进攻三区标记出3块区域。使用一个标准球门，球场另一端放置两个小球门。白队有两名边后卫处于两个边路，蓝队采用4-2阵型。

白队持球开始进攻，尝试在罚球区内外破门得分。白队的两名边后卫只能在罚球区外活动，且只允许触球两次。训练中也可以不允许蓝队在边路安排防守球员，或者将边路的防守人数限制在每次1人。

如果蓝队控球，他们最多触球5次，并可以进攻两个小球门。球出界后，教练员传球给白队，训练重新开始。

3. 训练要点

（1）这个练习的关键是充分利用边路的宽度创造出高质量的传中和快速射门。

（2）准确的决策、传球的力量和准确性、罚球区内的跑位和跑动时机十分重要。

（3）鼓励球员相互沟通以及创造性地完成进攻配合。

（4）丢球后要快速反应（攻防转换）：争取二次进攻机会。

变换形式

二、处于前场进攻位置的边后卫：传中和射门（2）

组织方法

8对6（+守门员）。使用与上一练习相同的场地，但在这个练习中，边路区域的长度缩短到与罚球区同长。训练使用4个小球门。两名白队边后卫在罚球区两侧，不允许蓝队球员进入边路区域进行防守。

在白队进攻失败或蓝队抢断球后要对4个小球门发动进攻（此时白队由攻转守）。

球出界后，教练员传球给白队，训练重新开始。

进球分析：转移进攻——改变进攻方向（1）

2011.08.28

萨拉戈萨 0：6 皇家马德里 （第2个进球）拉莫斯助攻马塞洛。

皇家马德里进攻面对的是围绕球组织有序防守的球队。皇家马德里充分利用场地宽度，大范围倒脚转移，进攻对方防守的薄弱环节。厄齐尔将球传给马塞洛，后者在接球的第一时间将球向内传给罗纳尔多。

罗纳尔多向前长传给拉莫斯，拉莫斯快速插入对方右边路的纵深区域。对手在中路布置了很多防守球员（阵容强大），但这给边路留下了无人防守区域。

第一章

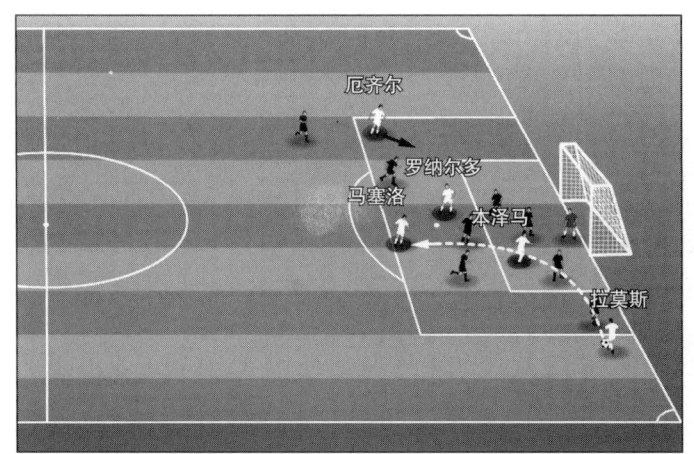

拉莫斯接球后在右边路无人防守区域将球横传入罚球区。马德里有一名球员在近门柱（本泽马）、一名球员在其身后（罗纳尔多），另一名球员从左侧向远门柱包抄（厄齐尔），还有一名球员（马塞洛）从后插上。

马塞洛的第一次触球非常漂亮，将球直接接到他的强脚一侧，第二次触球直接将球射入球门。

进球分析：转移进攻——改变进攻方向（2）

2011.08.28

萨拉戈萨 0：6 皇家马德里 （第6个进球）卡卡助攻罗纳尔多。

这次的进攻场景与之前的第二个球相似，只是从右边路发动进攻。拉莫斯向内运球打破了对手的防守平衡。卡卡反向跑动（对角线），拉莫斯向内传球给阿隆索。

阿隆索运球晃过身前的防守球员，将球传给无人盯防的卡卡。

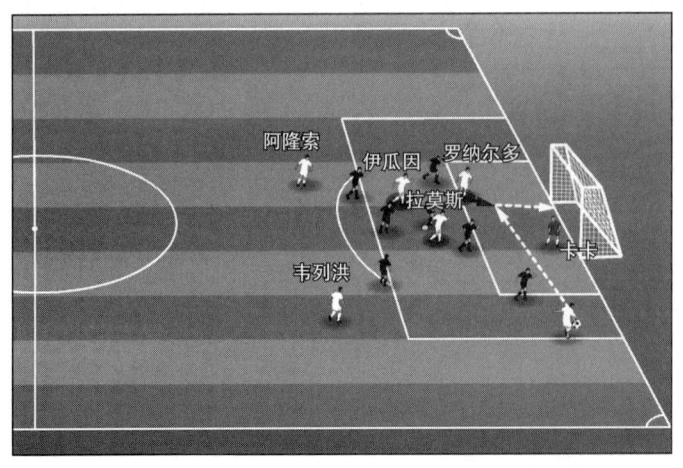

卡卡接阿隆索传球后低平球横传防守球员身后。此时，在罚球区里皇家马德里有3名球员，他们保持了良好的距离和队形（两名球员在球门区外），最终罗纳尔多射门得分。

进球分析：转移进攻——改变进攻方向（3）

2011.05.05

格拉纳达 1：2 皇家马德里（第2个进球）：本泽马助攻，乌龙球。

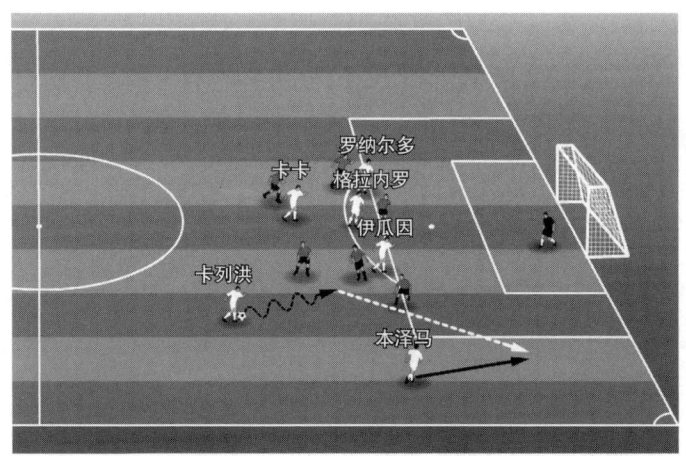

卡列洪向后防线运球，格拉纳达队有6名球员在中路防守。当防守球员收缩防守阻挡球的移动时，卡列洪瞄准时机将球传给右路无人防守的本泽马。

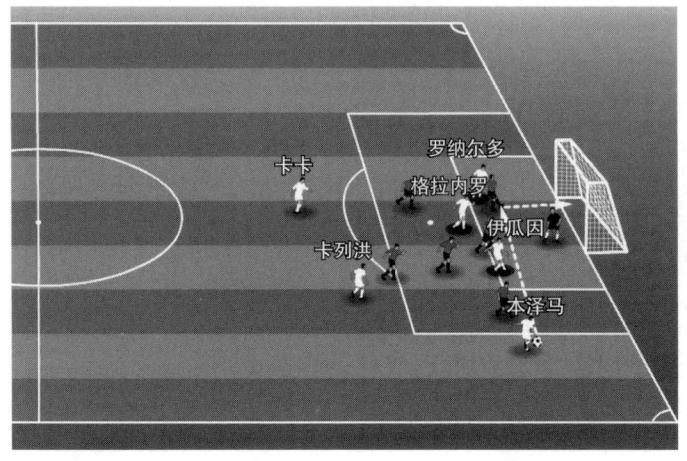

本泽马低平球横传到防守队员身后。所有的球员（防守球员和进攻球员）都面对球门，此时一名防守球员将球碰进了本方球门。在罚球区内，3名马德里球员保持了良好的队形（近门柱、远门柱、两名前锋身后+两名罚球区外球员）。

进球分析：转移进攻——改变进攻方向（4）

2012.01.28

皇家马德里 3：1 萨拉戈萨（第2个进球）厄齐尔助攻罗纳尔多。

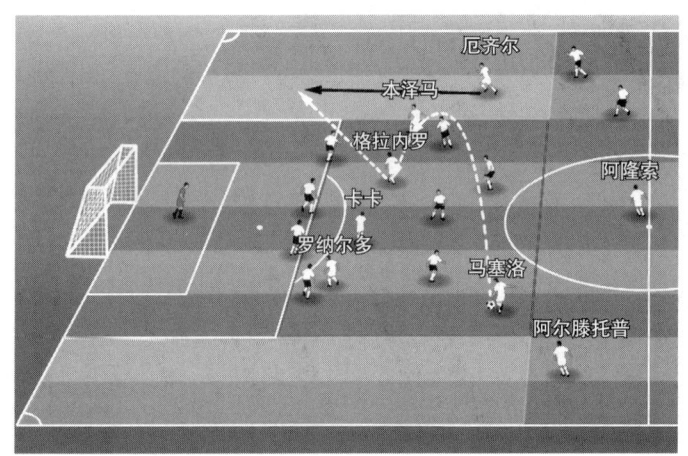

8名萨拉戈萨球员在中路采用两个区域防守。马塞洛传高空球，越过中场防线传给本泽马，本泽马一脚出球传给格拉内罗，格拉内罗在防守队员的紧逼下将球传到右边路无人防守区域，厄齐尔从后面插上接球。

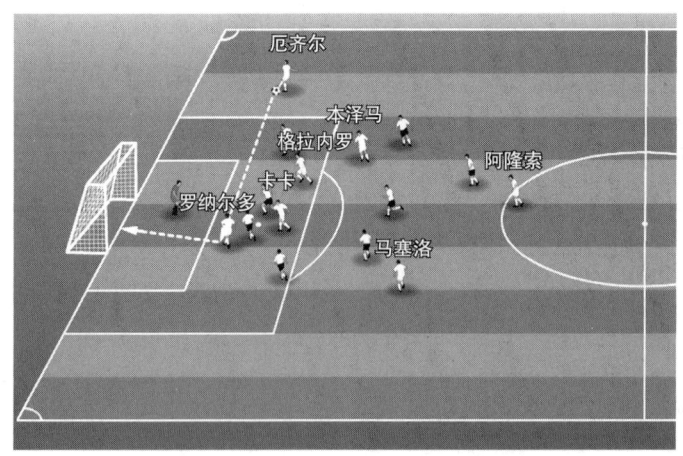

厄齐尔接球后第一时间将球传到防线后方（所有的球员此时又是面对球门），罗纳尔多直接射门得分。

本节训练单元（4个训练项目）

一、小场地比赛：利用宽度和转移进攻

1. 训练目标

提高控球和利用球场宽度进攻，以及转移进攻和改变进攻方向的能力。

2. 组织方法

6对6（+两名中立球员）将一50码×40码的场地划分为3个部分。中间区域为40码×40码，两边路区域为40码×5码。在中间区域的两端放置6个小球门（每端放置3个），两个球队均采用2-3-1阵型进行6对6对抗练习。在边路区域有两名中立球员，与控球方同队。只允许中立球员在边路区域活动，而不得在中间区域活动。

两队的目标是完成8次传球（得1分）。当球队将球射入3个小球门中的任何一个，得2分。如果一名球员接边路球员的传球直接射门得分，则得3分。

3. 不同规则

（1）中立球员可以射门。
（2）中立球员不能射门。
（3）所有球员不限触球次数，但必须一脚触球直接完成射门。
（4）每名球员只能触球2~3次，必须一脚触球直接完成射门。

4. 训练要点

（1）鼓励球员通过将球转移给边路中立球员快速改变进攻方向。
（2）必须控制住球（减少冒险），这样在转移进攻时球队可以保持控球权。

拓展训练

二、小场地比赛：利用边后卫的助攻转移进攻（1）

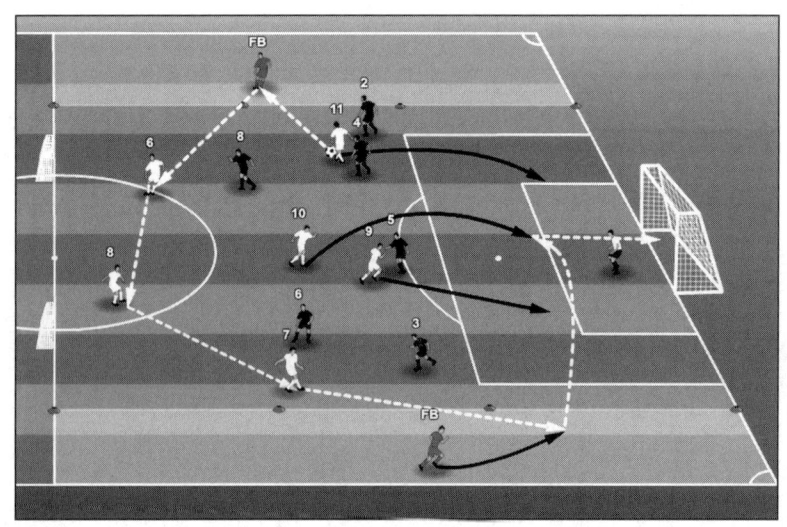

1. 组织方法

6（+2边后卫）对6（+守门员）。如图所示，将半场分成3个区域，其中一队防守一个标准球门，另一队防守两个小球门。在中间区域的6对6对抗练习中，白队采用2-3-1阵型、蓝队使用4-2阵型（+守门员）。在两个边路区域（不允许中间区域的球员进入），两名边后卫与控球的白队同队。

如果一名白队球员接边后卫的传球直接得分，得分翻倍。如果蓝队获得球并射入任意一个小球门，得分同样翻倍。在练习中球队要交换角色，教练员负责记录分数。

2. 不同规则

（1）边后卫可以进入中间区域并得分。

（2）边后卫可以进入中间区域但不能得分。

（3）边后卫一直在边路区域。

（4）不限制触球次数但射门必须一次触球；最多触球2~3次并且射门必须一次触球。

3. 训练要点

（1）快速传球和跑动，节奏要快。

（2）进攻球员要在罚球区附近占据一个好的起动位置，确保他们把握时机插入罚球区的不同进攻位置接球（交流）。

（3）两队要做好应对可能的攻守转换准备，在局势变化时快速行动。

变换形式

三、小场地比赛：利用边后卫的助攻转移进攻（2）

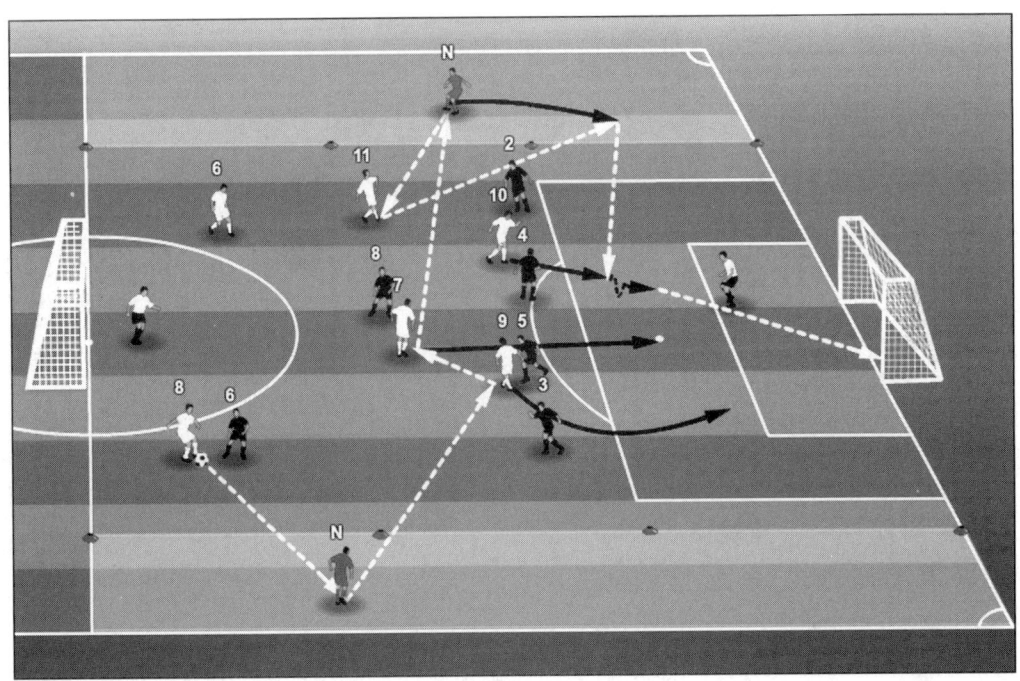

1. 组织方法：

7对7（+2中立球员）在这一变换练习中，两队均防守一个标准球门。

控球时，两队都采用2-3-1阵型。防守时，两队都采用4-2阵型。

控球时，两队都可以利用边路区域的两名中立球员。

2. 不同规则

（1）中立球员可以进入中间区域并得分。

（2）中立球员可以进入中间区域但不能得分。

（3）中立球员一直在边路活动。

（4）不限制触球次数但射门时必须一次触球。

（5）最多触球2~3次且射门时必须一次触球。

拓展训练

四、在罚球区内外利用宽度创造空间

1. 训练目标

白队是发展进攻组合，主要应对在中路围绕球布置众多防守队员进行防守的球队。

2. 组织方法

6对5（+守门员）如图所示，在罚球区外10~15码处放置5个标志物。将练习区域分成两个边路、一个中间区域三部分。在距离边路区域底端3码处放置两个小球门，距离中间区域底端5码处放置一个小球门。白队采用2-3-1阵型，蓝队采用4-1阵型。

当教练员将球传给白队球员时训练开始。白队的目标是射门得分。如果蓝队获得球必须射入3个小球门得分（快速转守为攻）。如果进球或球出界，那么另一侧教练员立即传球给白队球员。

3. 训练要点

（1）白队球员必须利用向前运球吸引防守球员的注意力，以便将球传给空当处无人防守的队友。

（2）如果因防守方保护严密而缺乏进攻机会，白队需要快速转移，将进攻方向转移到对方的防守弱侧。

第一章

进球分析：边后卫与中后卫之间的跑动时机（1）

2011.11.06

皇家马德里7：1奥萨苏纳（第5个进球），阿韦洛亚助攻罗纳尔多。

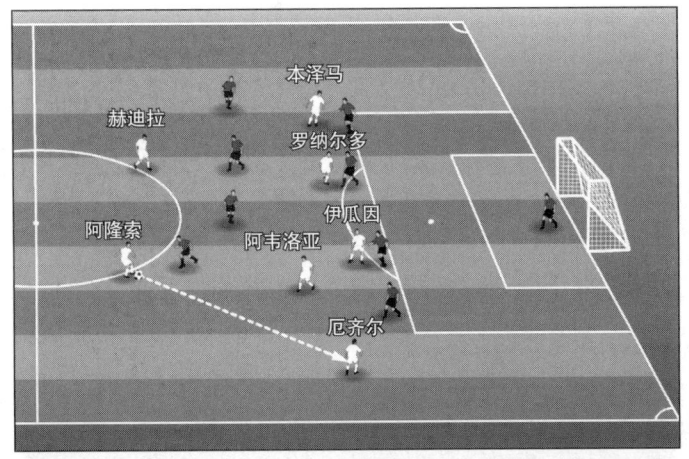

阿隆索将球传给右侧的厄齐尔并且吸引所有奥萨苏纳中场球员（即使其失去防守作用）。

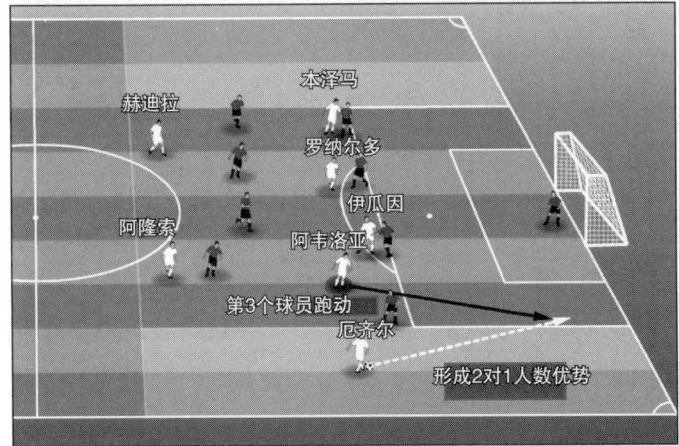

阿韦洛亚在左后卫与中后卫之间斜线跑动（形成2对1的人数优势）。厄齐尔找准时机将球传到空当处，瓦解了第二道防线（4名后卫）。

阿韦洛亚横传罚球区中间，罗纳尔多、本泽马和伊瓜因插入罚球区。罗纳尔多头顶球射门得分。

进球分析：边后卫与中后卫之间的跑动时机（2）

2012.02.18

皇家马德里4：0桑坦德竞技（第1个进球），卡卡助攻罗纳尔多。

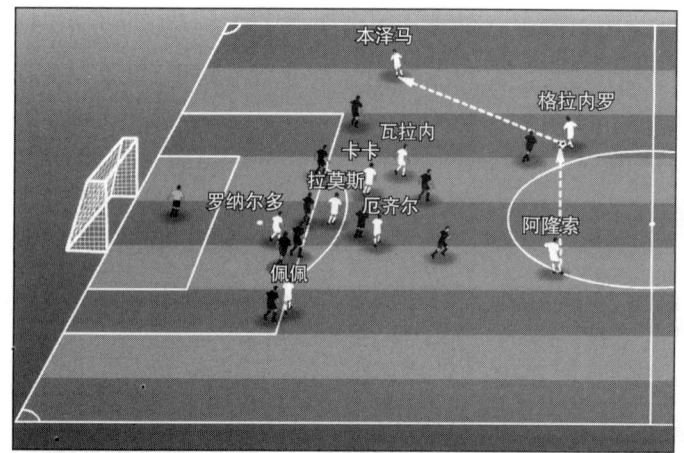

这个比赛场景与上一个非常相似。格拉内罗将球传给右侧的本泽马。6名桑坦德竞技的队员在罚球区边缘站成一条线。

卡卡横向跑动然后从左后卫和中后卫之间直线插入，本泽马找准时机将球传向卡卡跑动路线的空当处。

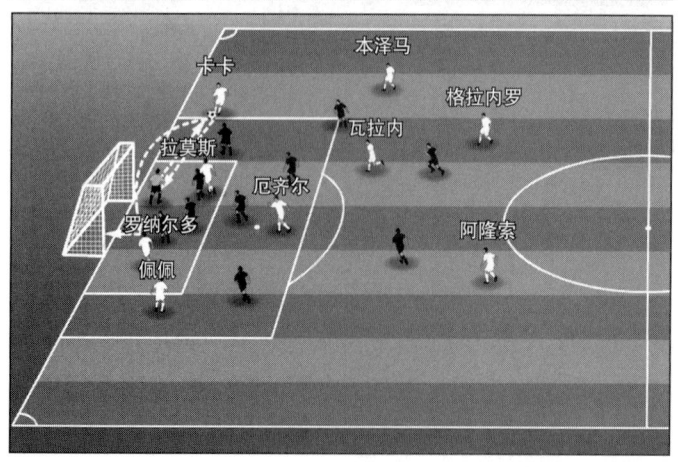

卡卡的第一次传中被挡出，但他获得球后第二次传中将球传向后门柱，罗纳尔多头顶球射门得分。佩佩、拉莫斯和厄齐尔也都在罚球区内。

本节训练单元（3个训练项目）

一、9区域小场地比赛：向防线后方传球

1. 训练目标

提高球队在防线后方的进攻能力。当对手采用密集防守时，在边后卫与中后卫之间跑动。

2. 组织方法

7对7（+2中立球员）。将一块60码×50码的场地分为9个区域，即中心1区为35码×40码、"两个2区"同为35码×7.5码、"4个3区"同为12.5码×7.5码、"两个4区"同为12.5码×40码。

在中心的1区里进行6对6对抗练习，控球方与两名中立球员同队（中立球员位于两个2区）。中立球员必须在2区活动，防守球员每次只允许一人进入此区域。进攻方要努力找到创造射门机会的办法，利用中立球员斜线跑动（切入）进入3区和4区。

3. 不同规则

（1）在3区中无人防守，但是进攻方只允许触球两次。
（2）在3区有人防守。
（3）在1区中不限制触球次数但在其他区域限制触球次数。
（4）最多2~3次触球机会，但必须一脚触球完成射门。

4. 训练要点

（1）正确的身体姿势（半转身）和站位对于观察下一次传球选择非常重要。
（2）接应球员与持球队员之间正确的角度和距离是获得传球机会的关键。
（3）传球和跑动的时机以及高质量射门需要协调一致（交流）。

拓展训练

二、小场地比赛：通过斜线跑动利用防线后方空间

1. 组织方法

7对7（+2中立球员）。在这个练习中，将3区和4区组合在一起，将两名中立球员安排在中心区域。每队一次只允许一名球员在两个边路区域活动。在两端区域，防守球员可以盯防进攻球员。

2. 不同规则

（1）中立球员可以进球得分。

（2）中立球员不允许得分。

（3）不限制球员触球次数（中立球员限制触球2次）且一脚触球完成射门。

（4）限制球员触球2~3次（中立球员限制触球1次）且一脚触球完成射门。

拓展训练

三、密集防守后卫之间的跑动时机

1. 训练目标

提高球队在防线后方的进攻能力。当对手采用密集防守时，在边后卫与中后卫之间跑动。

2. 组织方法

8对8（+守门员）。将半场分为一个中间区域和两个边路区域（通道）。如图所示，罚球区线将中间区域分成两块场地。在中线上放置两个小球门。白队采用2-2-3-1阵型（2名边后卫、2名中路中场球员、1名进攻型中场球员、2名边前锋和1名中锋）。另一队采用4-4阵型。

一次只许1名蓝队球员进入边路区域，因此白队可以在边路区域形成人数优势（2对1）。蓝队获得球并且将球射入小球门，得分翻倍。如果白队失去球权，必须快速由攻转守。

3. 不同规则

（1）在中间区域，限制白队触球次数，但在边路区域无限制。

（2）在中间区域，不限白队触球次数，在边路区域限制触球次数为2~3次。

（3）所有球员均限制触球次数，而且限制蓝队完成进攻的时间或触球次数。

（4）所有球员包括蓝队均不限制触球次数及时间。

进球分析:通过中路渗透防线后的进攻

2011.12.17

塞维利亚2:6皇家马德里(第2个进球),迪马利亚助攻卡列洪。

迪亚拉向内传球给迪马利亚,迪亚拉面前的防守组织严密。卡列洪根据比赛形势,继续向前跑动。

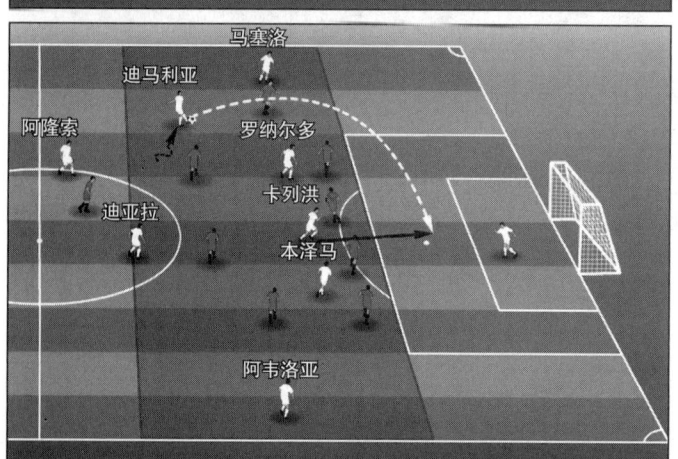

卡列洪插入两名中后卫之间。迪马利亚展示出了绝佳的视野和决策能力,高球传到防线后方,瓦解了对手8名球员的防守。

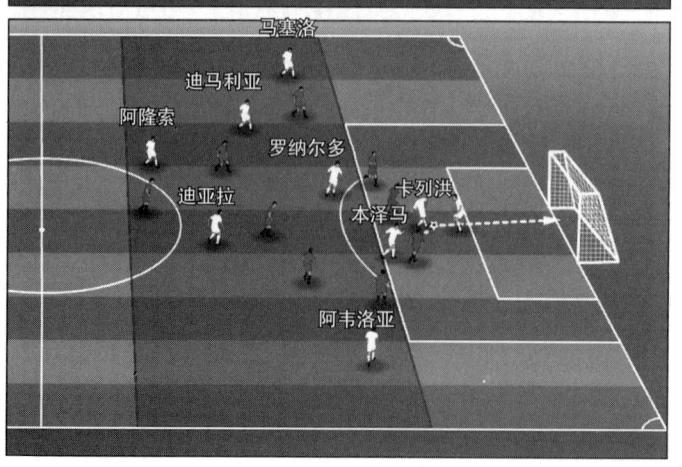

这个球恰到好处地传到卡列洪的跑动路线上,他射门得分。

第一章

本节训练单元（4个训练项目）

一、6对6（+2）小场地比赛：传入射门区

1. 训练目标

提高防线后方的进攻能力——跑动的效率和时机，以及最后一传。

2. 组织方法

6对6（+2名中立球员）。将45码×40码的场地分为3个区域，即中间区域35码×40码、两端区域5码×40码。中间区域进行6对6对抗练习，两名中立球员与控球方同队。在4-2-3-1阵型中，两名中立球员作为中场球员，其他球员分别占据其他位置（2名边后卫、2名边前锋、1名进攻型中场球员，以及1名中锋）。

控球方的目标是找到解决进攻的方法，通过快速配合进入射门区（在防线后方）。想要得分，控球方必须将球传入射门区而且队友接球后必须完全控球。

3. 训练要点

（1）因为具有人数优势，所以进攻球队的球员必须频繁跑入防线后方的空当。

（2）传球的速度和质量、果断的决策、接应球员正确的角度和距离，以及创造性的进攻配合和跑位是这个练习的关键。

拓展训练

二、6对6（+2）：1对1区域动态比赛中的接应

1. 组织方法

7对7（+2中立球员）。将球场分成6块（每块10码×10码），在每一方格区域中进行1对1对抗练习。两名中立球员与控球方同队。除中立球员外，其他球员只许在各自的方格区域中活动，除非他们跑入射门区。中立球员可以任意跑动，协助控球方形成人数优势（2对1或3对1）。

2. 练习规则

正式球员不限制触球次数，中立球员最多触球1~2次。

3. 训练要点

（1）在1对1情况下，球员要保护好球；在有直接盯防球员的情况下保护好球。

（2）阻止防守球员获得球需要力量（将身体置于对手和球之间）。

（3）中立球员负责完成2过1配合，以及作为第二接应人推进进攻。

第一章

拓展训练

三、7对7（+2）小场地比赛：向防线后方跑动和射门

1. 训练目标

提高防线后方的进攻能力——跑动的效率、时机和最后一传。

2. 组织方法

7对7（+2名中立球员）。将75码×40码的场地分成3个区域，即中间区域35码×40码、两端区域均20码×40码。控球方采用2-2-3-1阵型（与2名中立球员同队）。在一队完成最少传球次数后（教练员自行决定），找准机会完成最后一传，将球传到向两端区域跑动的进攻球员路线上（队友）。

3. 不同的规则

（1）球员在完成最后射门前无传球次数限制。（2）不许防守球员进入两端区域，而且进攻球员最多两次触球完成射门。（3）一次只允许1名防守球员和2名进攻球员进入两端区域。（4）进攻方球员限制触球2次，并且一脚触球完成射门。（5）当球在两端区域时，所有球员均可进入此区。

4. 训练要点

（1）首要目标是保持控球权，并且利用人数优势和可利用的空间。
（2）达到最低传球次数后，鼓励球员快速转变进攻方向，向前传球，并且跑动插入防线后方，尽可能快地射门得分。
（3）移动/跑动的节奏和时机是完成进攻配合的关键。

拓展训练

四、防线后方接球：9对9

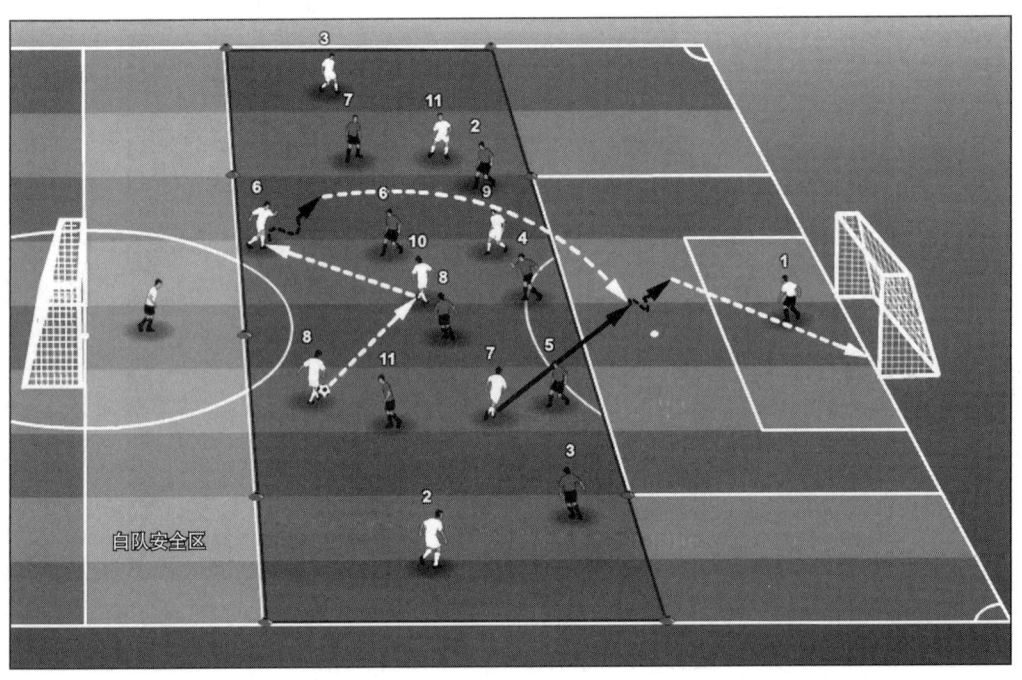

1. 训练目标

提高防线后方的进攻能力——跑动的效率、时机和最后一传。

2. 组织方法

9对9。将半块场地划分为3个区域，即中间区域（65码×30码）和两个球门区(65码×18码和65码×8码)。在两端有两个标准球门。最小的区域对于获得球后的白队而言为安全区（红队不能进入）。白队使用2-2-3-1阵型、红队使用4-4阵型。

白队寻找机会将球传到罚球区进攻球员（队友）跑动路线上。防守球员在球进入罚球区前不能进入该区。红队获得球后不限制进球得分区域。

3. 不同规则

（1）在中间区域，红队防守球员可以抢截球但不能阻挡对方球员。

（2）防守球员不许进入罚球区，并且进攻球员最多有两次触球完成射门。

（3）一次只允许一名防守球员和两名进攻球员进入罚球区。

（4）控球方球员限制两次触球机会，并且一脚触球完成射门。

（5）在罚球区中防守球员至少要比进攻球员少一名，并且进攻球员限制两次触球机会（仍然需要一脚触球完成射门）。

第一章

进球分析：把握时机非越位跑入防线后方

2012.04.14

皇家马德里3：1希洪竞技（第3个进球），厄齐尔助攻本泽马。

迪马利亚利用中场人数优势，将球传给厄齐尔。厄齐尔向前运球，利用左后卫站位不佳的绝佳时机将球传给本泽马。

本泽马接球后直接向前一蹭，在球门远角处完成射门。

本节训练单元（4个训练项目）

一、有越位规则的进攻配合和射门

1. 训练目标
提高罚球区内外有越位限制的快速配合能力。

2. 组织方法
在这个位置训练中，将两倍罚球区大小的区域分成两部分。4名白队进攻球员（来自4-2-3-1阵型）对抗4名防守球员。同时，2名中立球员在场外无球门一端底线处（一边一名球员）。这2名中立球员在4-2-3-1阵型中充当2名中场球员。

白队利用快速配合推进到罚球区内，然后射门得分。如果防守球员获得球，其目标是利用2名中立球员尽可能地长时间控球。

3. 练习规则
（1）限制球员只有1～2次触球机会。
（2）运用越位规则。

4. 训练要点
（1）白队需要正确决策，创造性地发挥以及快速转移的能力。
（2）跑动与传球的协调配合是关键，同时要协调一致地向防线后方的不同进攻区域空当跑动（这将扯动防守球员以使其防线失去保护）。
（3）这个训练需要以快速向前传球和快速跑动创造空间的节奏完成。

拓展训练

二、6对5（+守门员）有越位规则的进攻和射门（1）

1. 组织方法

在这个练习中，白队有2名中路中场球员，蓝队有1名中路中场球员。白队的目标不变，蓝队获得球后将球射入两个小球门得分。

2. 练习规则

（1）球员只有1～2次触球机会。
（2）运用越位规则。

变换形式

三、6对5（+守门员）有越位规则的进攻和射门（2）

1. 训练目标

与上一练习相比，变化之处在于蓝队的阵型变为2-2-1，即撤掉边后卫，变为2名中后卫、2名中路中场球员和1名进攻型中场球员。

2. 练习规则

（1）球员只有1~2次触球机会。

（2）运用越位规则。

拓展训练

四、小场地比赛：有越位规则的进攻和射门

1. 组织方法

在场地两端放置标准球门。在这个练习中，可以采用上一练习中蓝队的阵型变换形式。

2. 练习规则

（1）球员只有1~2次触球机会。

（2）运用越位规则。

第二章　应对中场紧逼防守的球队

当皇家马德里和采用中场紧逼防守的对手比赛时，他们的目标是防线后方的空间。首先，他们保持安全合理的控球，然后利用传接配合使球进入己方强而对手弱的区域。

1. 当对手的弱点是边后卫缺乏速度时，皇家马德里的目标是将球传给球队的边前锋（特别是罗纳尔多）。他们寻找机会在边路形成1对1的局面，并充分利用边后卫身后的空间。其他球员则利用速度优势进入罚球区占据有利位置完成最后一传，或从边路完成传中（如果边前锋自己不能完成射门）。

2. 当对手具有组织严密的防守体系和强壮的边后卫时，皇家马德里的目标是保持安全合理的控球，然后将球从球场的一侧转移到另一侧。当皇家马德里的边路球员控球时，中路球员从对方边后卫和中后卫之间斜线跑动插入，从而在边路形成人数优势（2对1）。

3. 当对手采用中场紧逼防守，并且中路球员速度较慢或防守能力较弱时，何塞·穆里尼奥的球队会耐心地保持控球，时机成熟时将球从后卫之间直传防线后方。皇家马德里能够很好地利用己方进攻球员的速度将球传到中后卫身后射门得分。

第二章

进球分析：为在边路形成1对1创造空间（1）

2011.10.15

皇家马德里4：1皇家贝蒂斯（第1个进球），罗纳尔多助攻伊瓜因。

对手在中场组成防守线，而且中场球员的注意力高度集中。马塞洛和阿韦洛亚占据左右两个边路位置，厄齐尔和罗纳尔多在边路内侧。拉莫斯在后场接球后将球传给左后卫（马塞洛）。

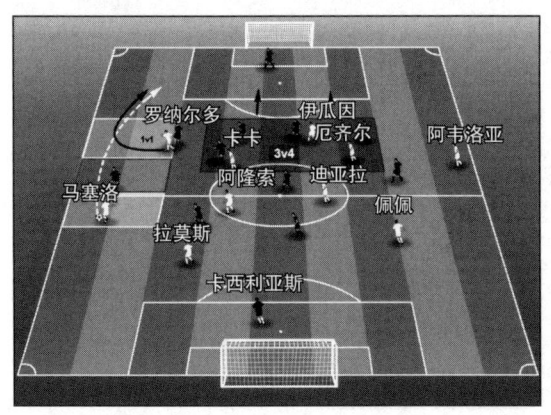

盯防马塞洛的球员跑动上前阻截但未能封堵传球。罗纳尔多曲线跑动接马塞洛传到底线的球。在左边路的空当，罗纳尔多与右后卫形成1对1。

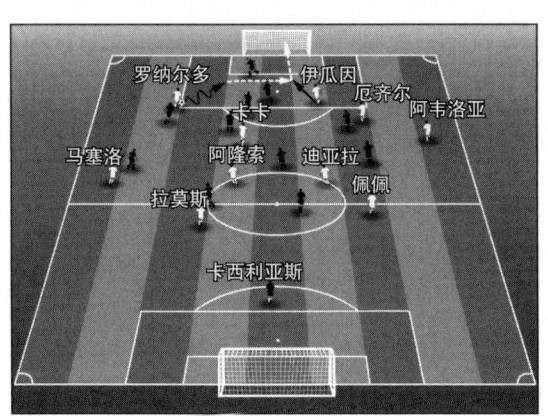

对于后卫而言，罗纳尔多凭借极快的速度和出色的技术占据了优势。他晃过防守球员运球突入罚球区，以一记低平球横传给插入禁区的伊瓜因，伊瓜因直接射门得分。

进球分析：为在边路形成1对1创造空间（2）

2011.11.26

皇家马德里4：1马德里竞技（第2个进球），罗纳尔多助攻迪马利亚。

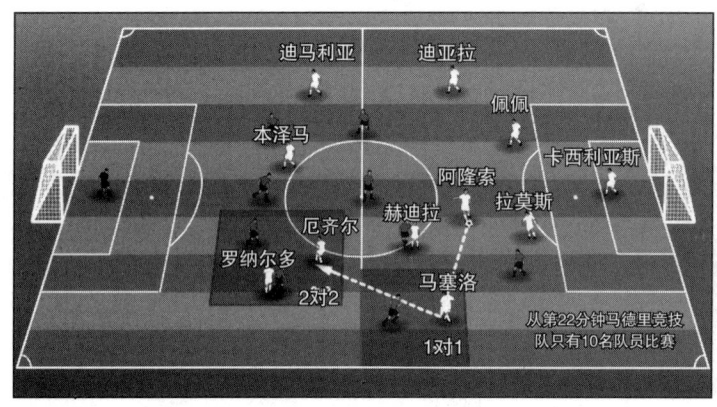

阿隆索在紧逼情况下将球传给左后卫马塞洛，厄齐尔在中场防线后方接应马塞洛。马塞洛一脚传球突破了4名中场球员。

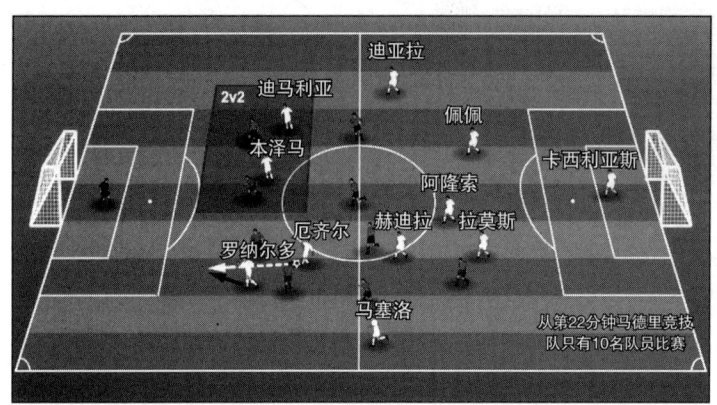

罗纳尔多在右后卫和中后卫之间占据了有利位置。厄齐尔将球传到罗纳尔多前方的空当，以利用罗纳尔多的速度和技术形成1对1。

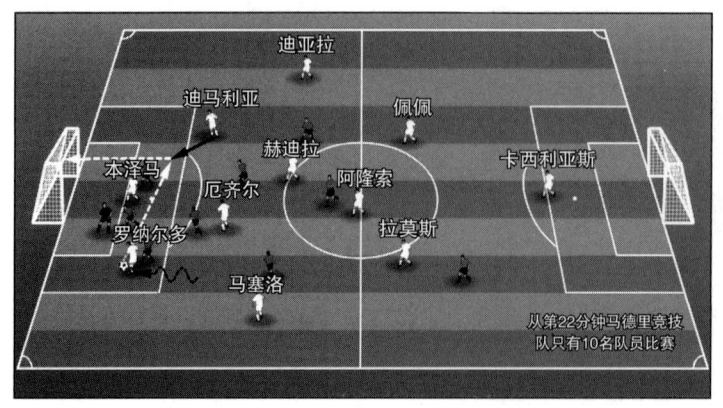

罗纳尔多速度极快，在后卫阻截下突入罚球区，再一次以低平球传给从对面边路插到后门柱的迪马利亚，迪马利亚直接射门得分。

第二章

进球分析：为在边路形成1对1创造空间（3）

2012.03.04
皇家马德里5：0西班牙人（第3个进球），卡卡助攻伊瓜因。

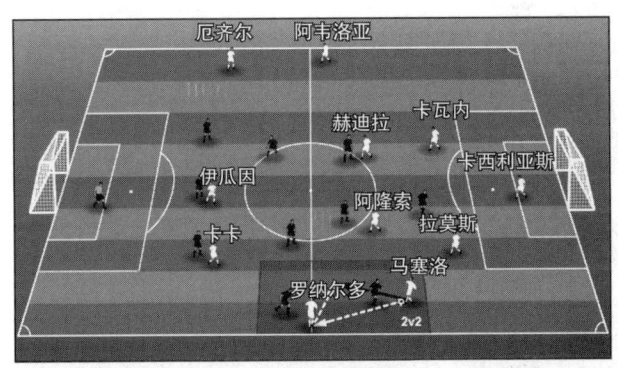

左后卫马塞洛在左边路控球，罗纳尔多接应，在左边路形成了2对2局面。马塞洛和罗纳尔多快速完成二过一配合，突破对手的紧逼。

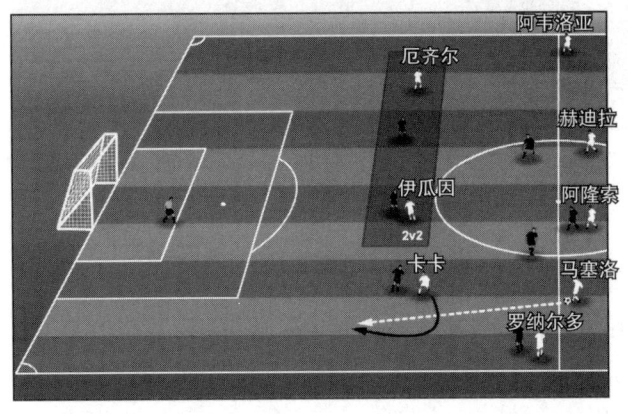

马塞洛第一时间将球传给在后卫身后具有跑动和进攻空间的卡卡。皇家马德里在边路再次形成了1对1的局面。

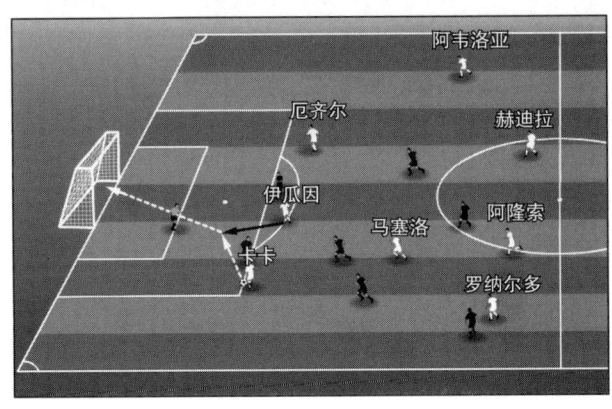

卡卡运球到罚球区边缘，对方中后卫跑动上前拦截他。伊瓜因看清局势，斜线跑动插入中后卫身后，卡卡在正确的时间将球传到空当，伊瓜因射门得分。

本节训练单元（5个训练项目）

一、无人防守：边路创造空间和中路插上时机

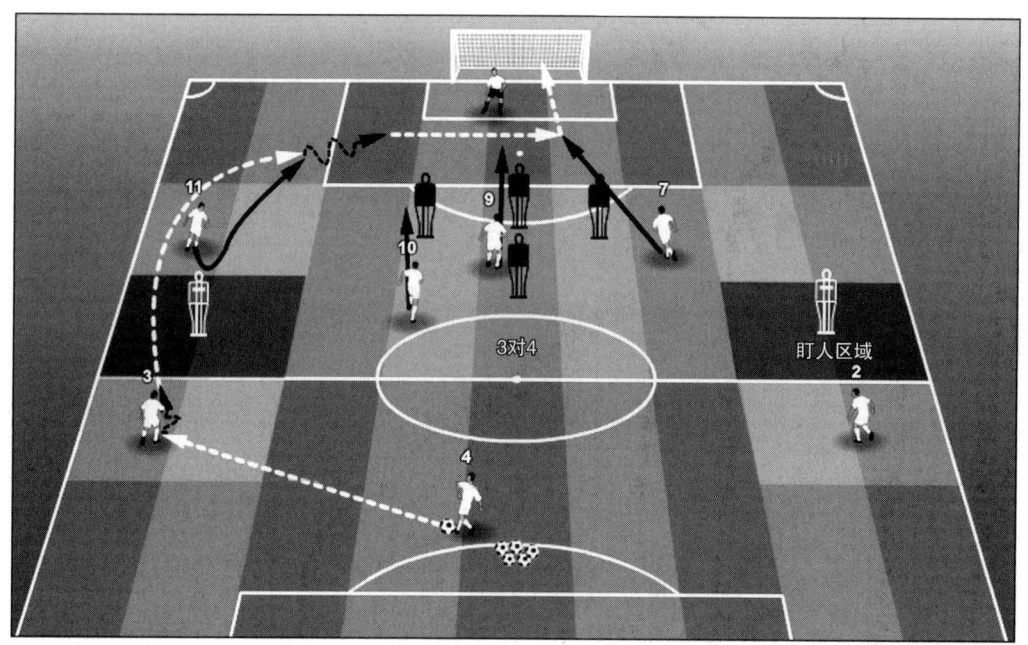

1. 训练目标

提高边路进攻能力——利用边前锋创造1对1局面。

2. 组织方法

使用四分之三球场，在每侧边路设置3个区域，在中路设置1个区域。在边路中间区域里放置1个假人，在中路区域里放置4个假人。有1名中后卫或中场中路球员、两名边后卫、两名边前锋、1名进攻型中场球员和1名中锋。

中后卫或中场中路球员将球传给左后卫（3号）或右后卫（2号），他们两次触球：第一次接球，然后将球传入空当给边前锋。边前锋做一个摆脱动作（好像摆脱盯人球员），然后突然变向加速冲刺，控球后运球进入罚球区，然后低平球横传给中路跑动插上的球员。

3. 训练要点

（1）这个练习需要多形式的传球——传脚下、传空当、短传、长传、弧线球等。为保证配合的流畅性，所有传球都要准确而且力量适中。

（2）在跑动接球前球员应摆脱防守队员。

（3）应提高传球质量，以及最后一传的跑动配合与直接射门协调一致。

拓展训练

二、有人防守：边路创造空间和中路插上时机

1. 组织方法

在这个练习中加入7名积极防守球员作为练习的另一方。

当第一次传球时，对方的右路和左路中场球员需要从中路移动紧逼边后卫。

对方的右前卫（7号球员）和左前卫（8号球员）当第一次传球开始时需要从中心区域开始移动并压制边后卫。一旦他们进入"盯人区域"就不得离开。白队边后卫不许进入"盯人区域"。

在靠近罚球区的边路区域，只有红队的边后卫和白队的边前锋可以进入（1对1局面）。在中路区域形成3对4局面，并且所有球员（进攻球员和防守球员）都可以进入罚球区尽力去射门或防守传中球。另一侧的边后卫不许进入罚球区。

2. 训练要点

（1）在边路区域要掌握好移动和传球时机以及相互交流。

（2）在跑动接球前要摆脱防守球员（特别是处于1对1局面的边前锋）。

（3）球员跑动插入罚球区需要协调一致，确保每名球员插入不同的区域（近门柱、远门柱等）。

拓展训练

三、边路2对2传中和射门

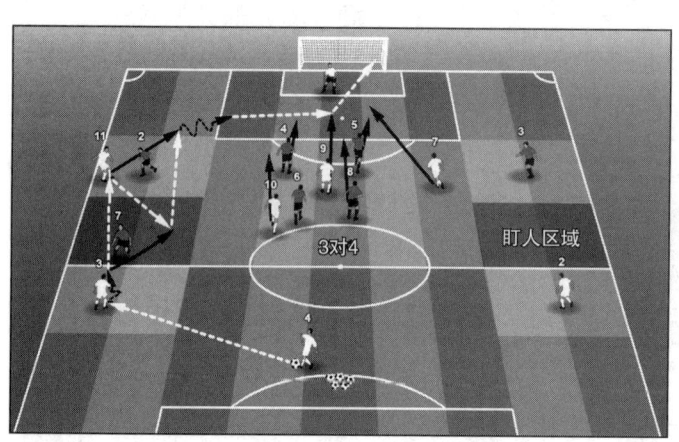

组织方法

在这个提高练习中，鼓励边后卫和边前锋之间进行二过一配合。边后卫可以进入"盯人区域"（中路区域），但不许进入接近罚球区的区域。

提高训练

四、从中路接应的边路2对2

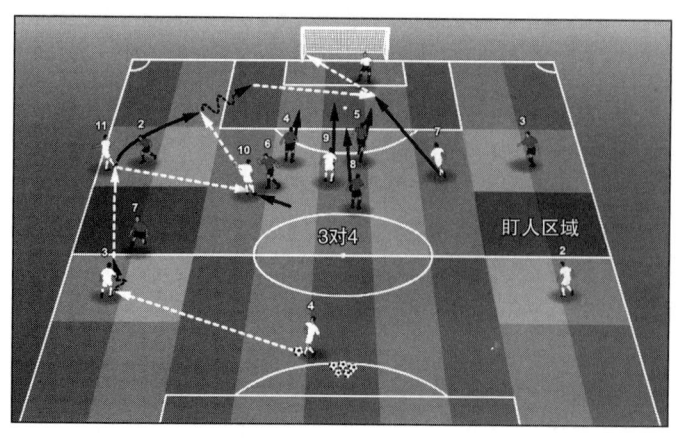

组织方法

与上一练习相比，这个练习的不同之处是允许边前锋和中路区域的进攻型中场球员配合（传球）。然而，任何球员都不允许离开各自的区域。

第二章

拓展训练

五、在边路创造1对1局面

组织方法

在这个提高训练中，允许1名球员从中心区域（进攻型中场球员或中锋）进入边路区域和边后卫及边前锋配合。红队（防守球队）的1名球员可以进入边路区域。

目标与上一练习相同。在边路区域，当边前锋和边后卫形成1对1局面时，可以低平球横传给其他进攻球员射门得分。

进球分析：中场球员前插防线后方（1）

2011.08.28
萨拉戈萨0：6皇家马德里（第5个进球），卡卡。

在中场，萨拉戈萨安排了很多球员。卡卡将球传给科恩特朗，科恩特朗又将球传给左路的马塞洛，皇家马德里充分利用场地宽度，但是对手防守组织非常严密，使皇家马德里很多球员处于球的后方。

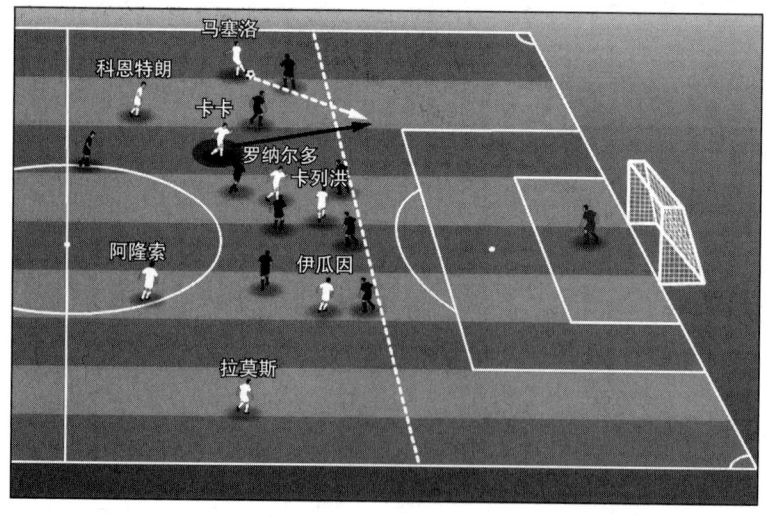

卡卡接应马塞洛，斜线插入中后卫和右后卫之间，马塞洛将球传到防线后方卡卡的跑动路线上。

第二章

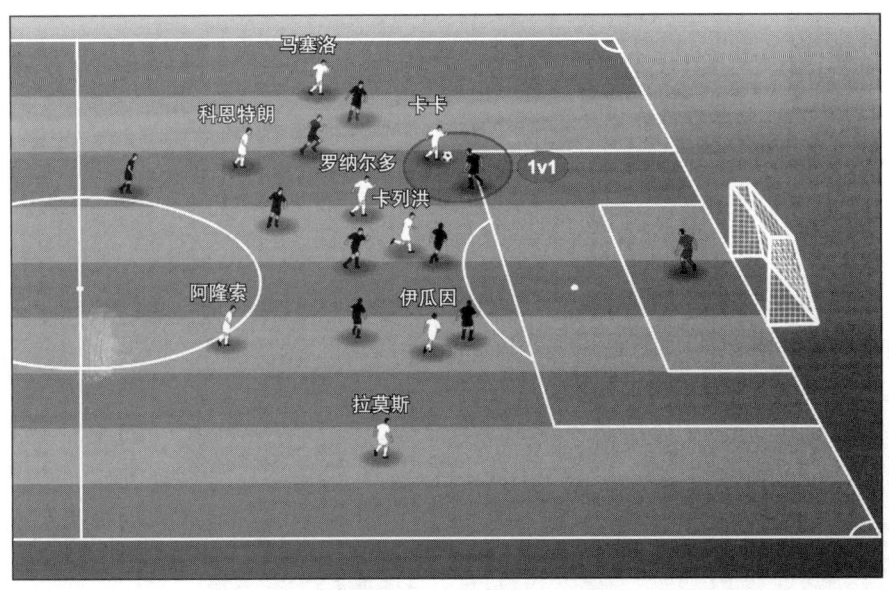

卡卡接球后与中后卫形成1对1的局面，队友扯动，为卡卡创造可利用的空间。

卡卡展现了出色的能力，内切后将球控制到右脚，然后将球射入球门远角。

进球分析：中场球员前插防线后方（2）

2011.10.02

西班牙人0∶4皇家马德里（第2个进球），阿韦洛亚助攻伊瓜因。

迪亚拉将球传给阿韦洛亚。厄齐尔跑动接应阿韦洛亚。对手的左后卫紧跟厄齐尔，在其身后出现无人防守的空间。伊瓜因敏锐地看清局面，斜线跑动插入无人防守区域。

阿韦洛亚传高球给空当处的伊瓜因，伊瓜因巧妙地直接将球射入球门远角。

第二章

本节训练单元（4个训练项目）

一、局部区域：前插跑动和渗透性传球

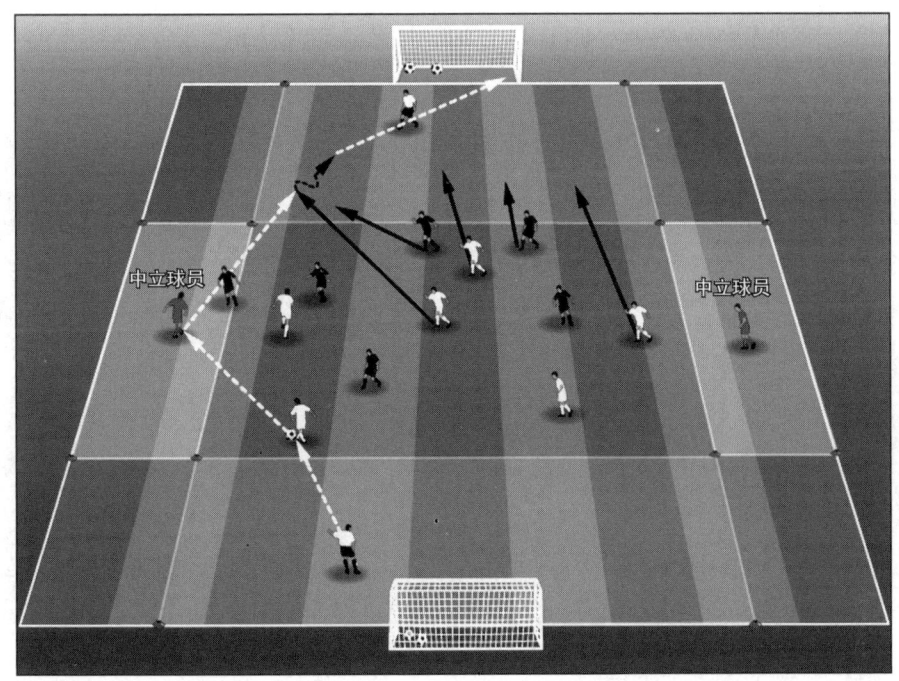

1. 训练目标

提高在对手采用中场紧逼防守时的最后一传，以及在边后卫和中后卫之间斜线跑动的能力。发展在后方创造机会的进攻配合。

2. 组织方法：7对7（+2名中场球员）

采用60码×45码的场地。在场地中央有3块区域。最中间的区域30码×30码、两个边路区域7.5码×30码。同时还有两个有守门员的射门区，每个区域为15码×30码。在中间区域进行6对6对抗练习，两队都采用2-3-1阵型。

控球方有两名中立球员（只能在所处区域活动）参与练习。在球进入射门区前防守球员不能进入射门区。

3. 不同规则

（1）边路区域无防守球员。
（2）1名防守球员允许进入边路区域一次，完全积极活动。
（3）球员可以无限制地进入边路区域。

拓展训练

二、4区域：后卫之间的跑动时机

1. 组织方法：8对6+守门员

在距中线15码处放置两个小球门。形成三个区域：中间区域44码×44码、两个边路区域40码×20码。在中间区域进行6对6对抗练习，白队采用2-3-1阵型、红队采用4-2阵型。在两个边路区域，白队各有一名只能在各自区域活动的球员（边后卫）。红队的所有球员均可任意活动。

白队目标是尽可能利用边路的人数优势，斜插到对手边后卫和中后卫之间，接应己方的控球边后卫。

白队的最终目的是进入射门区并射门得分。红队目的是获得球权，最多5～6次传球或最长10～15秒内向两个小球门中的一个射门得分。

2. 不同规则

（1）中间区域不限制触球次数，边后卫允许触球两次。

（2）中间区域的球员限制触球3次，边后卫触球两次。

（3）射门区最多触球两次。

（4）在射门区域限制球员触球两次，仅允许一脚触球完成射门。

（5）射门区里的所有球员只能触球一次。

第二章

拓展训练

三、9对9：后卫之间的跑动时机

1. 组织方法

9对9。这个提高练习与上一练习的目标相同，但在罚球区前沿增加一个和球场等宽且有守门员的区域（对白队而言是安全区域）。白队采用2-2-3阵型、红队采用4-4阵型。

白队球门附近有一个安全区域，不允许红队球员进入。如果白队将球从一侧边路区域转移另一侧边路将得一分，如果白队连续完成8次传球将得两分，如果进球将得三分。

白队的6号、8号、10号、11号和7号球员可以在所有区域内任意活动（2号和3号球员只能在边路区域）。红队中只有2号、7号、3号和11号球员可以进入边路区域。防守球员在球进入到射门区域前不许进入该区域。当球出界后，由守门员开球。

2. 不同规则

（1）中间区域不限制触球次数，射门区域两次触球。

（2）中间区域3次触球，射门区域两次触球。

（3）一些重点球员无触球次数限制，其余球员限制触球次数。

（4）受到以上规则限制的所有球员必须一脚触球完成射门。

拓展训练

四、专项位置区域跑动时机

1. 组织方法

11对11。与前面练习相比，这个练习使用全场。白队增加两名中后卫，红队增加两名进攻球员。

当白队在后场控球时，红队只有9号和10号可以进入安全区域。当球进入到中场区域，红队另外的8名球员紧盯球进行防守。一旦球进入中场区域，白队的4号、5号和红队的9号、10号不允许进入该区域。如果红队在中场区域获得球，允许所有球员在红队的前场（白队的后场）进行攻防。

如果红队控制球，应限制最高触球次数和完成进攻的最长时间。

2. 白队规则

（1）中场区域无触球限制，射门区触球两次。

（2）中场区域限制触球次数，射门区触球两次。

（3）一些关键球员无触球限制，但其他球员限制触球次数。

（4）受到以上规则限制的所有球员必须一脚触球完成射门。

（5）在射门区，所有球员只能触球一次。

进球分析：从边路向中路和防线后方渗透性传球（1）

2011.10.02

西班牙人0：4皇家马德里（第4个进球），马塞洛助攻伊瓜因。

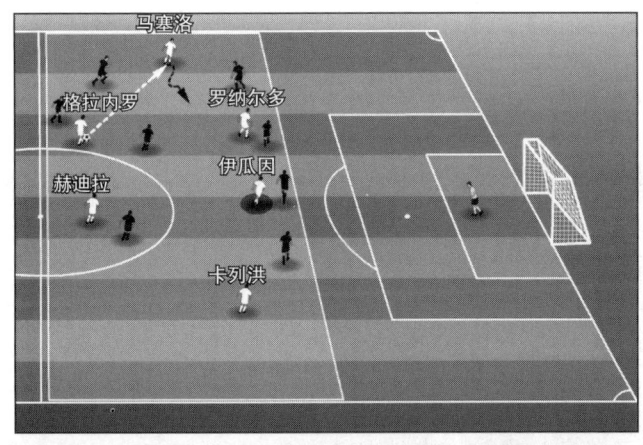

格拉内罗将球传给左路的马塞洛，马塞洛运球内切。

马塞洛将球从两名中后卫之间传到防线后方的无人防守区域，伊瓜因跑动到另一名中后卫身后。

伊瓜因在空当处接渗透性传球直接射门得分。

进球分析：从边路向中路和防线后方渗透性传球（2）

2011.10.15

皇家马德里4：1皇家贝蒂斯（第3个进球），迪马利亚助攻伊瓜因。

迪亚拉将球传给右路的迪马利亚，在迪马利亚的左侧和前面对手的防守组织非常严密。伊瓜因看清局面，插入两名中后卫之间。迪马利亚展现了卓越的观察力和决策能力，将球传到4名后卫身后，导致对手8名球员失去防守作用。

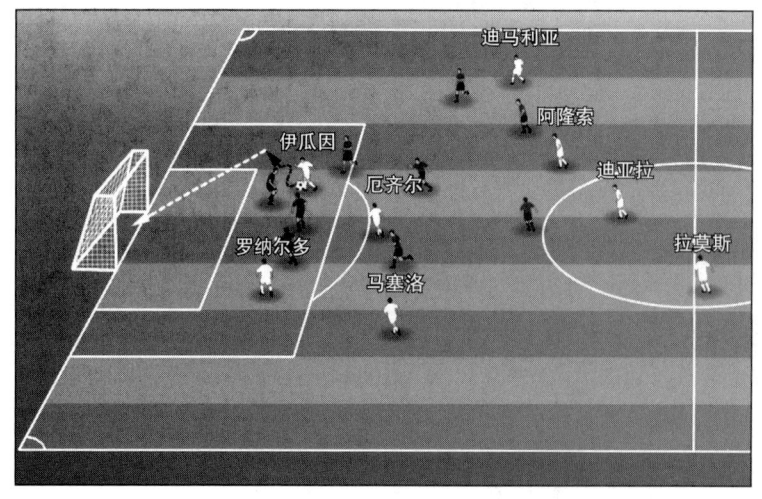

伊瓜因把握时机，快速跑动插入无人防守区域，很好地将球接到脚下，运球突破守门员后将球射入空门。

进球分析：从边路向中路和防线后方渗透性传球（3）

2012.01.28
皇家马德里3：1萨拉戈萨（第1个进球），卡瓦略助攻卡卡。

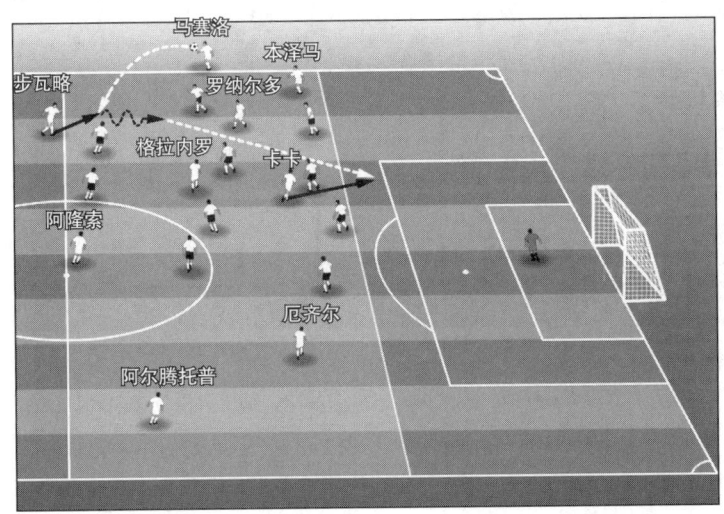

马塞洛将球掷给卡瓦略。在半场内，对方10名球员在球的附近（中场和后卫之间的距离非常近）。卡瓦略向前运球，然后将球从右后卫和中后卫之间传到防线后方，找到了防线后方的卡卡（对方10名球员失去了防守作用）。

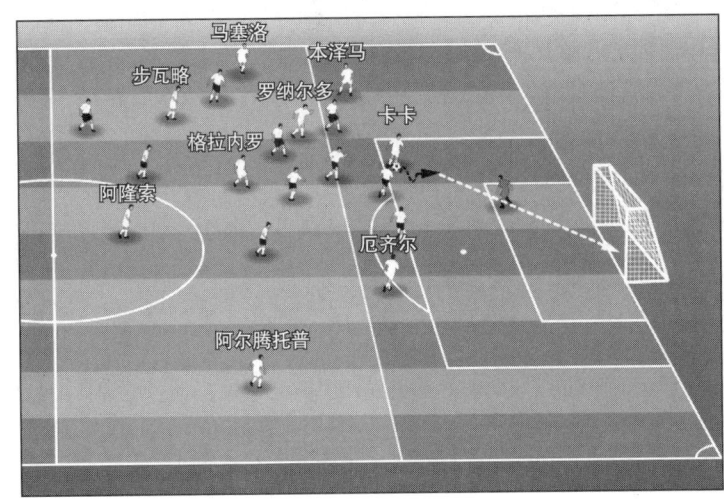

卡卡精确接球，漂亮地将球射进球门。

本节训练单元（4个训练项目）

一、6对6（+2名中立球员）："射门区"最后一传

1. 训练目标

提高应对中场紧逼防守时在防线后方创造机会的进攻配合。

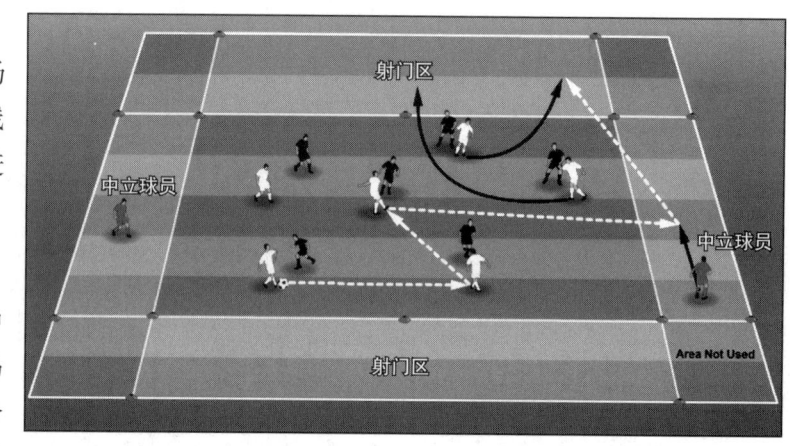

2. 组织方法

6对6（+2名中立球员）。将60码×45码的场地划分为五块，即中间区域分为3块，一个为中心区域（30码×30码）、两个为边路区域（7.5码×30码）。另外还有两个"射门区"（每个15码×30码）。双方采用2-3-1阵型进行6对6对抗练习，目标都是在"射门区"接球。控球方与两名边路中立球员配合，中立球员只能在边路区域活动。在球传入"射门区"（罚球区）前防守球员不许进入该区域。

3. 不同规则

（1）防守球员不许进入边路区域。

（2）防守球员完全自由活动，但每次只许1名进入边路区域。

（3）双方球员的触球次数没有限制，中立球员触球2次，或者双方球员触球1~2次、中立球员2次。

（4）可以在中心区域增加第三名中立球员。

（5）中心区域的所有球员（包括中立球员）只能一次触球，而边路中立球员可以触球两次。

4. 训练要点

（1）球员应有目的地改变进攻方向，将球传给边路的中立球员。充分利用人数优势和球场宽度。

（2）中心区域的球员应积极跑动在射门区接中立球员的传球。球员之间要进行交流，相互反向跑动去创造空间（如图所示）。

（3）要协调好跑动和传球时机。

拓展训练

二、从边路区域渗透性斜传（1）

1. 组织方法

8对8+守门员（+3名中立球员）。在中线后15码处放置4个小球门。将场地分为两个区域：在罚球区前10码外用标志物标记一条线。整个场地为40码×65码。

白队采用2-2-3-1阵型。白队控球时得到3名中立球员支援（2名在边路、1名在中路）。中立球员只支援控球方。蓝队使用4-4阵型。

白队首先开始进攻，且必须通过快速进攻配合将球传入防守球员身后的射门区。在球进入罚球区之前防守球员不许进入射门区。如果蓝队获得球，就要尝试将球射入小球门，进球后蓝队的得分加倍。

2. 中间区域规则

（1）所有白队球员没有触球限制，中立球员触球2次/所有球员都可2～3次触球。

（2）所有白队球员及中路的中立球员2～3次触球，所有边路的中立球员1次触球。

（3）白队的防守球员、中锋和中立球员2次触球，白队的中场球员、左前锋和右前锋没有触球限制。

（4）在罚球区内关键球员的触球次数以3-2-1排序。

拓展训练

三、从边路区域渗透性斜传（2）

组织方法

8对8+守门员（+2名中立球员）。这个训练与之前的训练目标相同，但这个训练只设两名中立球员，他们都在主要训练区域内活动，只在白队控球时与白队同队。

提高训练

四、9对9：向中场防线后方传球

组织方法

将上一练习中的小球门移除，在罚球区前沿设置一个"安全区"。两边都使用标准球门。当球进入中间区域时红队开始防守（红队不许进入安全区）。如果红队获得球，他们必须在10秒钟完成射门（快速攻防转换）。

进球分析：长传转移为射门创造空间

2011.10.29

皇家社会 0：1 皇家马德里，科恩特朗助攻伊瓜因。

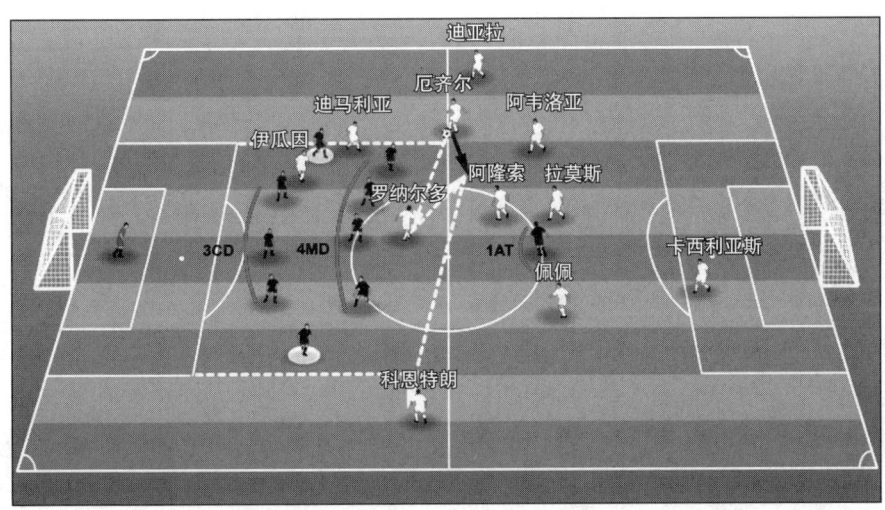

皇家社会队排出5-4-1阵型，围绕球进行防守，这使他们在罚球区前的阵型非常紧凑。厄齐尔和罗纳尔多完成二过一配合后长传转移给左路的科恩特朗。

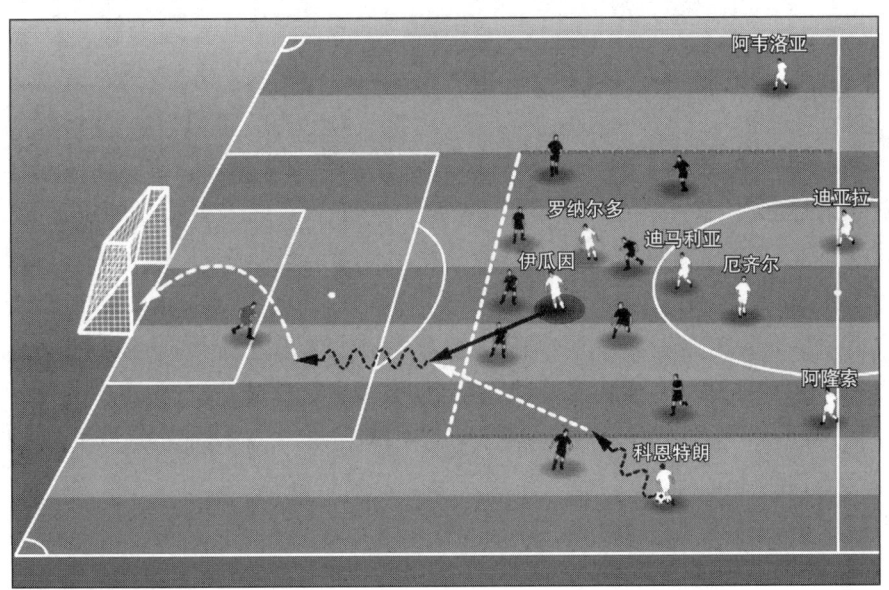

科恩特朗接球后与右后卫形成1对1局面。由于中后卫没有给右后卫提供保护，因此在中后卫和右后卫之间出现了空当。科恩特朗运球内切后向防线后传球，伊瓜因斜线跑动插入空当。传球和跑动时机恰到好处，皇家马德里射门得分。

本节训练单元

5区域专项位置训练：应对中场紧逼防守时的转移进攻和渗透性传球

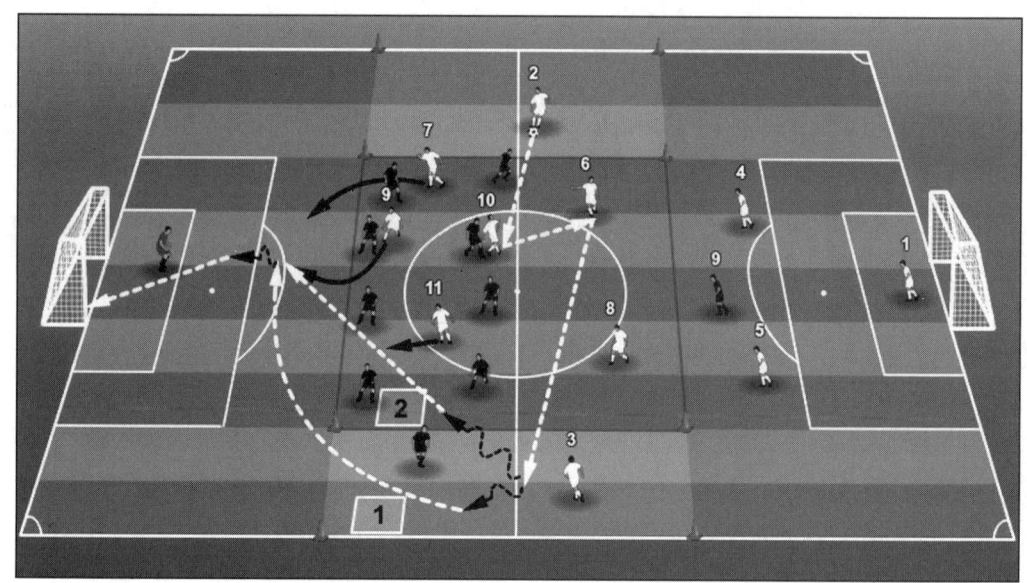

1. 训练目标

提高应对中场紧逼防守时在防线后方创造机会的进攻配合。

2. 组织方法

这个训练使用标准足球场地，并将中场划分为3个区域，中路区域为40码×40码。

白队采用4-2-3-1阵型。两名中后卫（4号和5号）不能进入中场区域；两名边后卫（2号和3号）只能在边路区域活动；两名防守型中场球员（6号和8号）、两名边锋（7号和11号）、进攻型中场球员（10号）与中锋（9号）在中路区域活动，除非边后卫将球传入罚球区。

蓝队采用5-4-1阵型，即3名中后卫、2名边后卫以及4名中场球员。边后卫只能在边路区域活动，中锋只能和白队的4号、5号球员一起在中路区域外。

白队的目标是保持控球权，并寻找机会将球长传转移给边后卫，在边路创造1对1的机会。在边路区域，边后卫有两种选择，一是将球传到3名中后卫身后的空当，队友跑动插入空当接应；二是运球突破打破防守平衡，短传对方防线后方。

第三章　应对前场紧逼防守的球队

如果比分落后或者急需进球，抑或是在一名球员被罚下的情况下，有些球队就会在比赛开始之际或在比赛中的某一时段将防线前压逼抢皇家马德里队。

在这种的比赛下，皇家马德里队主要将注意力放在打对手的身后。这一战术主要是通过将球直传对方后卫身后来完成（尤其是通过边后卫与中后卫之间的空当）。

将球直接传入空当给皇家马德里队运球能力强、具有明显速度优势的球员，也可以通过其他快速从后场插上提供支援的皇家马德里队球员共同完成进攻。

面对对方防线前压紧逼的防守压力，皇家马德里队的战术如下：

1. 通过准确地传脚下地滚球保持控球。
2. 利用一脚传球，通过快速二过一配合突破对手紧逼。
3. 将球向前直接传到对手前压防线后方的空当给突前球员。
4. 快速接应进攻球员完成进攻。

进球分析：将球传入对手前压防线的后方（1）

2012.03.24

皇家马德里 5：1 皇家社会（第5个进球），伊瓜因助攻罗纳尔多。

对方在靠近前场的防守阵型十分严密，但在4名防守队员身后出现空当。拉莫斯控球，在他前面对方有10名球员，但是拉莫斯的传球绕过了左后卫，对手的10名球员失去了防守作用。伊瓜因摆脱盯防他的球员斜线插入对方身后，罗纳尔多也开始跑动并在罚球区占据有利位置。

伊瓜因横向运球突入罚球区，找准时机将球横传给罗纳尔多，助其进球得分。

第三章

进球分析：将球传入对手前压防线的后方（2）

2011.09.24

皇家马德里 6 : 2 巴列卡诺（第6个进球），厄齐尔助攻罗纳尔多。

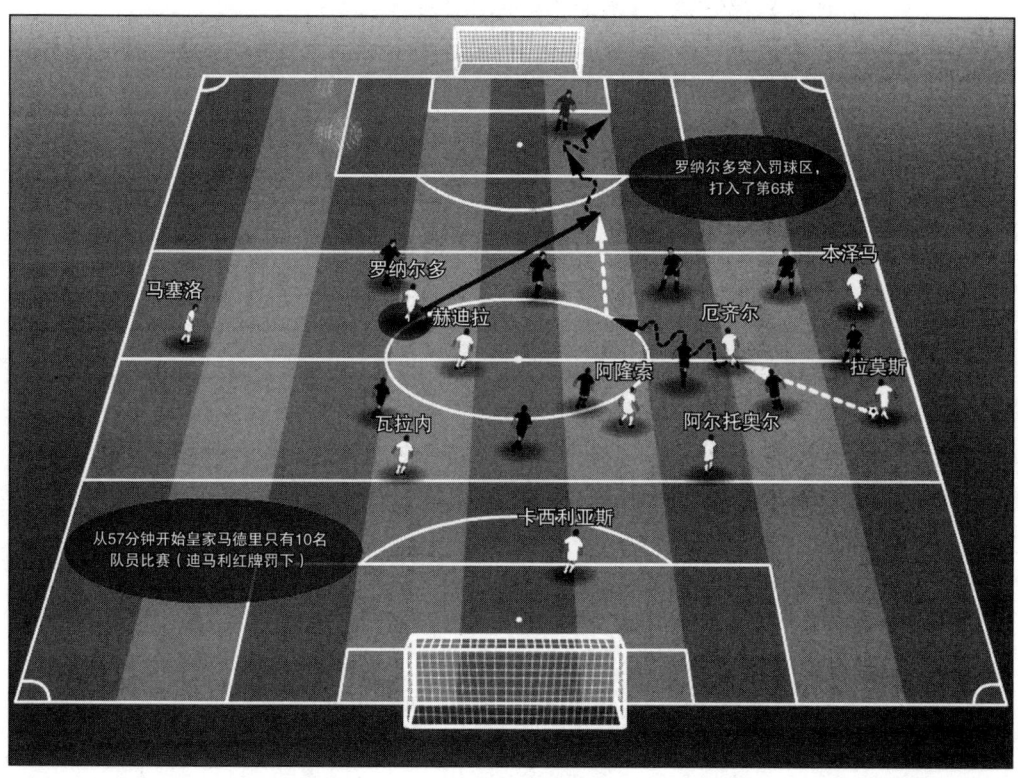

对方的防守阵型十分靠前，拉莫斯向内传球给厄齐尔，对方的6名球员失去防守作用，皇家马德里在中路形成人数优势。

厄齐尔向内运球，罗纳尔多机敏地从右后卫和中后卫之间斜线跑动插入，其插入跑动的时机及厄齐尔的传球时机恰到好处。罗纳尔多带球晃过守门员，门将将其扑倒被判点球，罗纳尔多亲自操刀主罚命中。

第三章

本节训练单元（4个训练项目）

一、4区域控球

1. 训练目标

发展对手前压防守时在有限空间和时间内的控球打法。

2. 组织方法8对8（+4名中立球员）

将20码×20码的场地分为4个方格区域，每个区域面积为10码×10码（如图所示）。在每个方格区域中进行2对2对抗练习。4名中立球员可以在场地边缘活动但不能进入方格区域。中立球员与控球方进行配合。

如果一队连续完成8次传球，或者控球时间达到10秒钟就得1分。如果控制球的队能够将球连续传遍4个方格区域而不丢球，就会得2分。

3. 不同规则

（1）正式球员没有触球限制，中立球员触球1～2次。

（2）每名球员触球1～2次。

4. 训练要点

（1）正确的身体姿势（半转身）和站位对观察下一次传球位置非常重要。

（2）在1对1、2对2对抗时球员需要护球：将身体置于对手与球之间。

（3）训练关键：传球速度和质量、正确的决策、接应的合理角度和距离、创造性配合和跑动。

第三章

拓展训练

二、位置训练：7对7（+1）控球

1. 训练目标

发展对手前压防守时在有限空间和时间内的控球打法。

2. 组织方法：7对7（+1名中立球员）

将20码×25码的场地分为7块方格区域（如图所示）。中心大方格区域为12码×12码，中心区域两侧的方格区域为2码×12码，外围4个方格区域为16码×5码。

在中心区域进行3对3对抗练习（+1名中立球员）。在边路区域，边路球员（边后卫和边前锋）进行1对1对抗练习。在两端区域各有一名中后卫（红队4号和白队5号），在他们身前是双方中锋（各队的9号）。中后卫可以进入中锋所在区域，但是中锋不能进入中后卫所在区域，中锋只能在所在区域通过封堵或抢截紧逼中路防守球员。

如果一队连续完成6次传球或控球8秒钟就得1分。如果能够将球传遍所有方格区域而不丢球就能够得2分。

3. 练习规则

（1）中后卫以及边路球员可以触球2~3次，中锋与中立球员1次触球，中心区域球员没有触球限制。

（2）中后卫以及边路球员可以触球2次，中锋与中立球员1次触球，中心区域球员2~3次触球。

4. 训练要点

（1）中心区域球员要时刻尝试改变进攻方向，将球传到外面的区域（边路、底线区域）。

（2）由于场地空间有限，在跑动接球前边路球员需要摆脱盯防球员。

（3）在这个训练中，把握好是传队友脚下还是空当至关重要。

（4）在1对1对抗中，边路球员需要强壮的身体（在对手紧逼下护球）。

（5）在这个练习中，接应球员的接应角度、接应距离，以及快速、突然的跑动是关键因素。

第三章

拓展训练

三、位置训练：组织进攻突破防线

1. 训练目标

发展对手前压防守时在有限空间和时间内的控球打法。

2. 组织方法：11对10

在45码×35码的场地内，一队有1名守门员和4名球员着白色球衣（作为后卫）、2名着蓝色球衣（作为中场球员）、4名着黄色球衣（作为进攻型中场球员、左后卫、右后卫和中锋），采用4-2-3-1阵型。另一队10名球员着红色球衣。红队在球场上紧逼防守。进攻队的目标是在紧逼防守的有限时间和空间中将球从后场传出。

球员寻找机会突破防线和后卫。球从白色球员传向蓝色球员，然后回传给接应的白色球员。白色球员再将球传给黄色球员，黄色球员回传给接应的蓝色球员，最后传给黄色球员。

如果多色球衣的球队连续完成6~8次传球，或控球8~10秒钟则得1分，如果球从守门员传给白色球员，再到蓝色球员，然后到黄色球员再回传给守门员则得2分。

如果红队控球，必须在5~6次传球内进球得分。这是一个多色球队快速由攻转守的训练。

3. 不同规则

（1）白衣球员可以2~3次触球、蓝衣球员可以1次触球、黄衣球员不限制触球次数。

（2）白衣球员可以2~3次触球、蓝衣球员不限制触球次数、黄衣球员2~3次触球。

（3）所有球员不限制触球次数。

4. 训练要点

（1）正确的身体姿势（半转身）和站位对观察下一次传球位置非常重要。

（2）决策非常重要：何时控球、何时第一时间传球或向前运球。

（3）创造空间和跑动接球前摆脱防守是保持控球和组织进攻突破防线的根本。

（4）直线传球非常有效，可以使进攻快速推进并且使很多防守球员失去防守作用。

（5）利用球场宽度将球从一侧传向另一侧，使空间最大化，从而更容易地保持控球。

（6）进攻球队必须对潜在的由攻转守保持警觉，并快速对运球球员实施紧逼（将所有球员撤到球后方）。

（7）在这个练习中，接应球员的接应角度、接应距离，以及快速、突然跑动是关键因素。

拓展训练

四、11对11比赛：将球传入前压防线后方

1. 训练目标
提高应对防线前压时防线后方的进攻能力。

2. 组织方法
如图所示，将整个球场分为3个区域。中场区域是红队前压防守区域；白队有一个安全区；第3个区域是白队的最终进攻区域。

在这个练习中，一直保持从白队控球开始。白队在红队紧逼下在后场组织进攻，目标是在紧逼情况下保持控球权，并且通过传球来打破紧逼。红队不许进入安全区，并且只有在球进入进攻区域时才能进入该区。如果红队获得球，必须在8～10秒钟，或最多6～8次传球完成射门（快速攻守转换）。这条规则使白队必须快速转为防守。

3. 练习规则
在将球传入进攻三区前白队必须完成6～8次传球。

进球分析：应对防线前压时的进攻组织

2011.12.17

塞维利亚2：6皇家马德里（第4个进球），本泽马助攻迪马利亚。

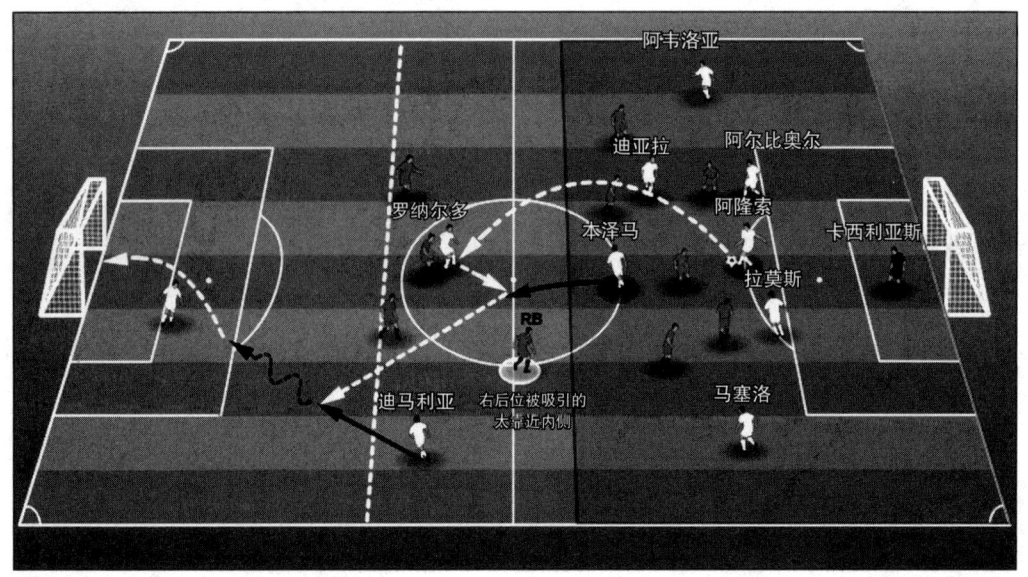

塞维利亚将防线前压紧逼皇家马德里，而皇家马德里希望打破对手紧逼。阿隆索直传给罗纳尔多，因为塞维利亚队防线前压，所以6名防守球员失去了防守作用。皇家马德里在发起进攻时人数上处于劣势（2对4）。本泽马快速接应，接罗纳尔多的回传球。

由于对手右后卫站位出现错误，皇家马德里撕开了塞维利亚的防线。本泽马第一时间将球传入右后卫离开留下的左侧空当。迪马利亚的速度比中后卫快，他快速接球后运球突入罚球区射门得分。

第三章

本节训练单元（5个训练项目）

一、控球：打破紧逼

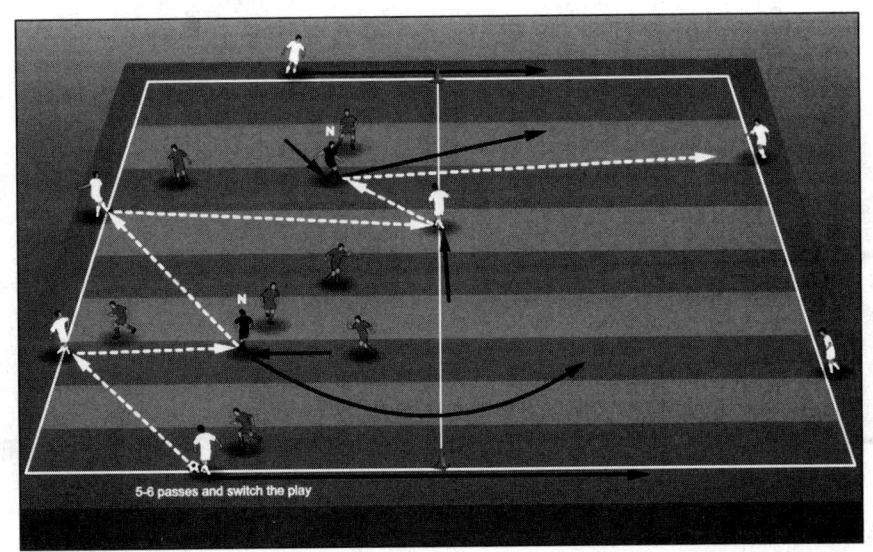

1. 训练目标

发展应对紧逼情况下的控球打法和改变进攻方向，以及快速移动和接应能力。

2. 组织方法

7对7（+2名中立球员）。将50码×40码的场地分为两块，球员分为两队，每队7人，同时增加2名中立球员与控球方同队。

从左半场开始训练，由白队的5名球员加上2名中立球员作为控球方与红队全部7名球员进行对抗训练。白队5名球员在左半场的四边站位，即2名后卫（中后卫）、1名左后卫、1名右后卫（或边前锋），还有1名球员在中线上（进攻型中场球员或中锋）。2名中立球员可以进入场内自由活动提供接应（像中路中场球员），在左半场，红队拥有人数优势。其余2名白队球员站在右半场的底线外。

白队的控球目标是完成5~6次传球，并将球转移到另一侧或半场。出现这种情况时，2名边前锋和2名中立球员跑动接应队友，所有的防守球员也横向跑动。而白队的两名后卫（中后卫）和中线上的球员只能处于各自位置，不能随意活动。转换到右半场后，所有规则和目标与左半场的练习一致。如果防守球队获得球，则攻守转换。

3. 变换形式

（1）控球方必须完成至少10秒钟的控球才能转移到另一半场。

（2）当攻守转换时，中线上的球员要快速和一名底线处球员交换位置。

拓展训练

二、控球：4-2-3-1阵型动态转移

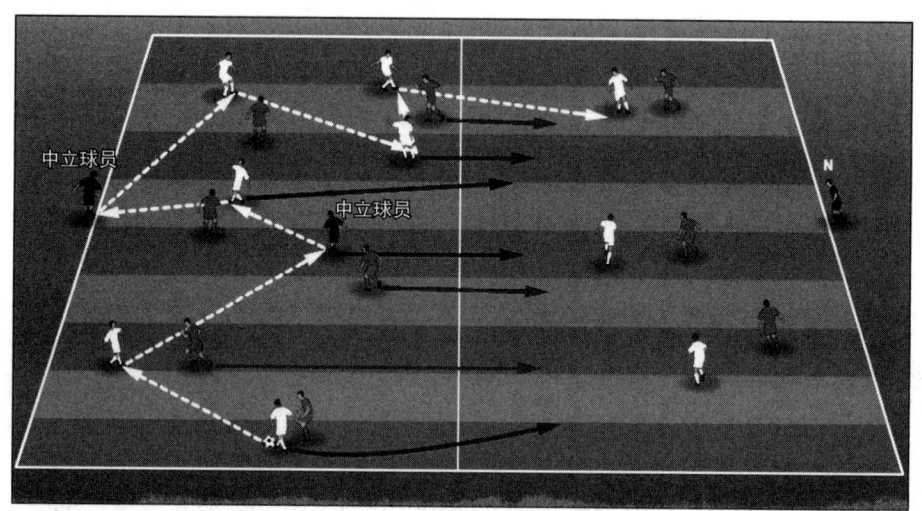

1. 训练目标

发展紧逼情况下的控球打法和改变进攻方向，以及快速移动和接应能力。

2. 组织方法

9对9（+3名中立球员）。将80码×40码的球场分成两块（每块40码×40码）。从左半场开始进行6对6的对抗练习（2名中立球员与控球方同队）。6名白队球员采用4-2阵型（4-2-3-1的一部分），1名中立球员在左半场底线外充当守门员，另外1名中立球员为额外球员。右半场的3名白队球员和1名中立球员采用3-1阵型，也是4-2-3-1阵型的一部分。

训练目标是半场内紧逼防守下的控球练习并完成6~8次传球。之后，将球转移给右半场的3名白队球员和1名中立球员。如果出现这种情况，左半场的3名白队球员和1名中立球员横向移动。红队的3名球员也横向移动，这样在右半场又形成了6对6对抗局面（2名中立球员与控球方同队）。如果红队获得球，他们的目标与白队相同。训练可以采用两种规则，即正式球员不限制触球次数、中立球员限制触球次数，或者所有球员都限制触球次数。

3. 训练要点

（1）球员必须对攻防转换做出快速反应。

（2）防守方的紧逼应该协调一致，以便给另一方的转移进攻造成困难。

（3）关键因素：传球速度和质量、正确的决策、接应的合理角度和距离，以及创造性地配合和跑动。

第三章

拓展训练

三、3个小场地：突破防线

1. 组织方法：9对9

将80码×40码的场地分为三个区域：两端区域均为34码×40码、中间区域12码×40码。从后场开始练习，守门员加7名球员对抗6名球员。控球方采用4-2-1阵型，1名球员（进攻型中场球员）只能在中线平行移动提供支援。

在中间区域，红队1名球员、白队2名球员。这2名白队球员只能沿第三区域边线移动。在射门区（前场），红队2名防守球员和一名守门员。控球方的目的是进行紧逼防守下的控球练习并完成6～8次传球，然后将球传给两名前场球员中的一名。如果出现这种情况，3名白队球员向前跑动，形成一个5对3的局面（应快速传球和移动）。白队要通过5～6次触球或在6～8秒钟内完成进攻射门。

如果防守方在前场或中场获得球要全力进攻，同时进攻方必须快速由攻转守。如果防守方在后场获得球，他们必须保持控球权，两个球队转换角色。红队应该与图中所示的白队站位形式相同，而在对面底线区域，白队要像红队一样站位。如果球出界，防守队从对面区域开始练习，两个球队角色转换。

2. 不同规则

（1）后场和中场不限触球次数，前场限制触球次数。

（2）后场不限触球次数，中场和前场限制触球次数。

（3）所有区域都限制触球次数。

拓展训练

四、3区域：打破前场紧逼防守（1）

1. 组织方法

10对11。将整个球场分为3个区域（后场、中场、前场）。训练始终从后场开始。在后场，白队7名球员进攻（4-2-1）、红队7名球员紧逼防守。在中场，有2名白队前锋和3名红队后卫。

白队的目标是通过后场球员和中场队友的二过一配合，使1名后场球员进入中场，形成一个3对3对抗局面，或者可以再允许1名后场球员进入中场，形成4对3对抗局面。可以利用4对3对抗的人数优势创造机会完成射门得分。

2. 不同规则

（1）前场和中场不限触球次数，后场限制触球次数。

（2）前场不限触球次数，中场和后场限制触球次数。

（3）所有区域均限制触球次数。

拓展训练

五、3区域：打破前场紧逼防守（2）

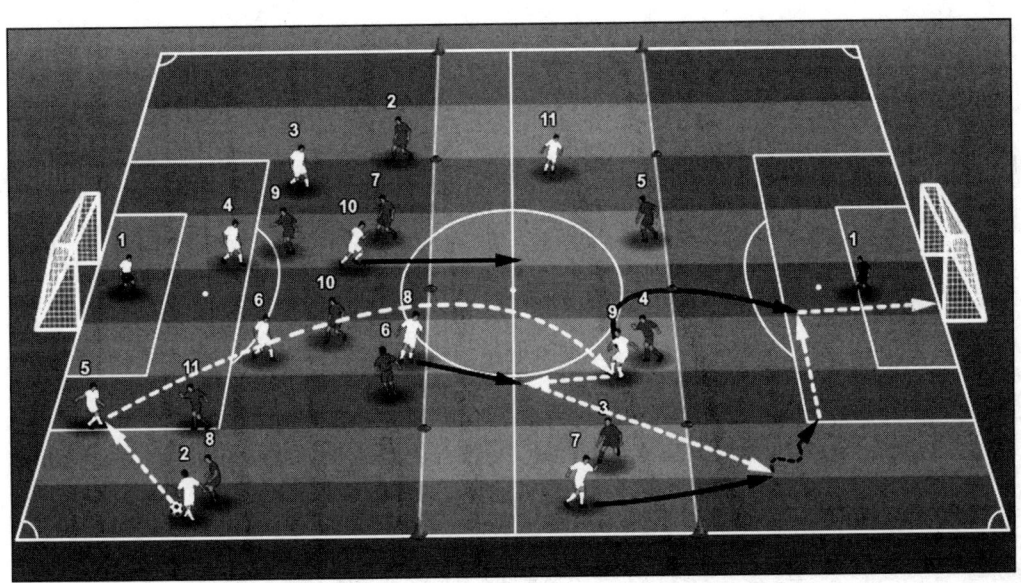

组织方法

11对11。这个练习与上一练习相同，变化之处在于进行11对11对抗练习。训练开始时中场进行3对3对抗练习。这个练习可以形成一个5对3的进攻局面。

第四章　后场的攻守转换

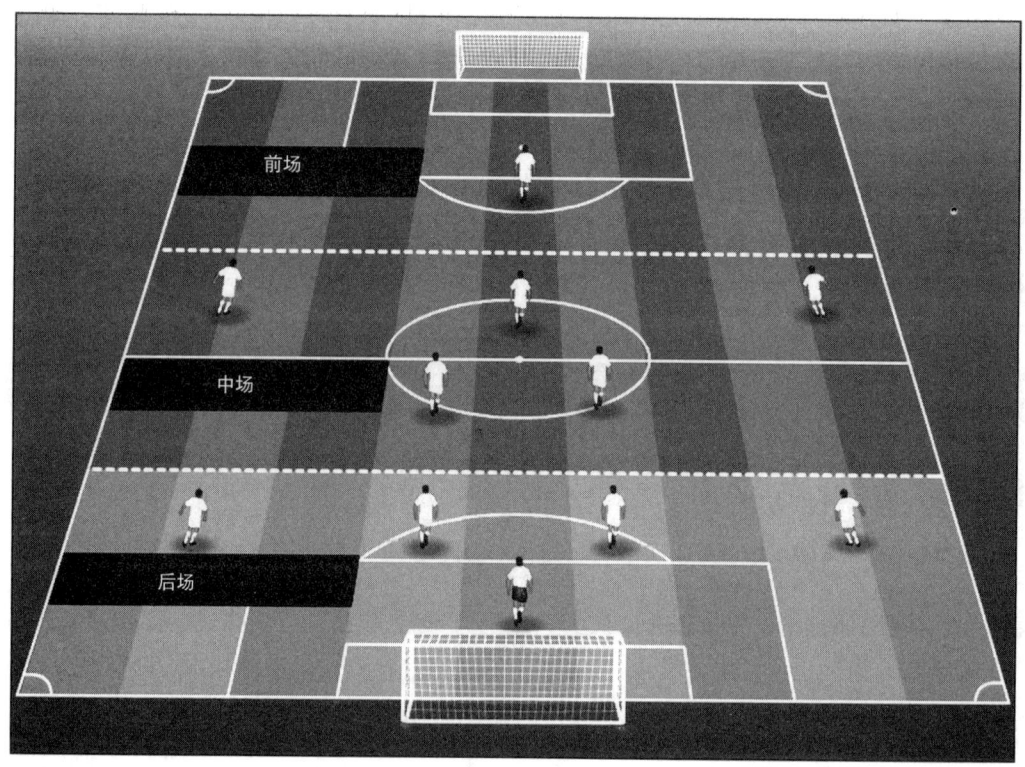

　　和每一支穆里尼奥曾经执教过的球队一样，2011—2012赛季皇家马德里的主要战术武器就是比赛中的攻守转换。在攻守转换阶段，皇家马德里是整个欧洲表现最出色的球队。根据特定对手以及他们的防守方式和失球位置，皇家马德里能快速、有效地找到方法实施反击，突入对手罚球区实现进球。

　　第一，在攻守转换阶段，皇家马德里踢得非常聪明，无论是给攻守转换较弱和速度较慢的对手留下空间，还是由于场上局势，皇家马德里经常在后场安排较多球员而只有1~2名球员在中线附近。他们的目的是通过向前方空当的直传球快速由守转攻，利用本队速度较快、技术出色的球员形成2对2或1对1的局面。在这种情况下，皇家马德里完成进攻的时间为9~12秒钟。

　　第二，在后场攻守转换的多数情况下，皇家马德里的4名进攻球员能够及时地将球传到另一侧，充分利用对手在另一侧的空当（这时是防守弱侧）。在这种情况下，突破会比上一种情况的速度更快，而且更具有观赏性，完成进攻的时间为7~9秒钟。

第四章

第三,当对手在中路安排较多球员时,皇家马德里的1~2名球员能够快速跑动接应,从后场和边路快速插上(一般来自左右边锋)在前场空当要球。在这种情况下,边前锋通常会占据比防守球员更好的位置,利用他们的速度助攻或射门。完成这种进攻所用的平均时间大约为10秒钟。

最后,当对方球员在后场丢球时,皇家马德里球员会运球突破对方防线,并在防线后方延缓传球。在这种情况下,对方通常有4~5名球员在球的后方,而且没有速度快的球员回追进行补防。所以皇家马德里队便进入了4对4或5对5的进攻局面。

在这种局面下,球员通常是运球突入罚球区并传给空当处无人盯防的队友(通常是两个边路的队友),一般是地滚球横传到最后一名后卫和守门员之间完成射门得分。

进球分析：创造和利用1对1或2对2局部优势

2011.10.02

西班牙人0：4皇家马德里（第1个进球），罗纳尔多助攻伊瓜因。

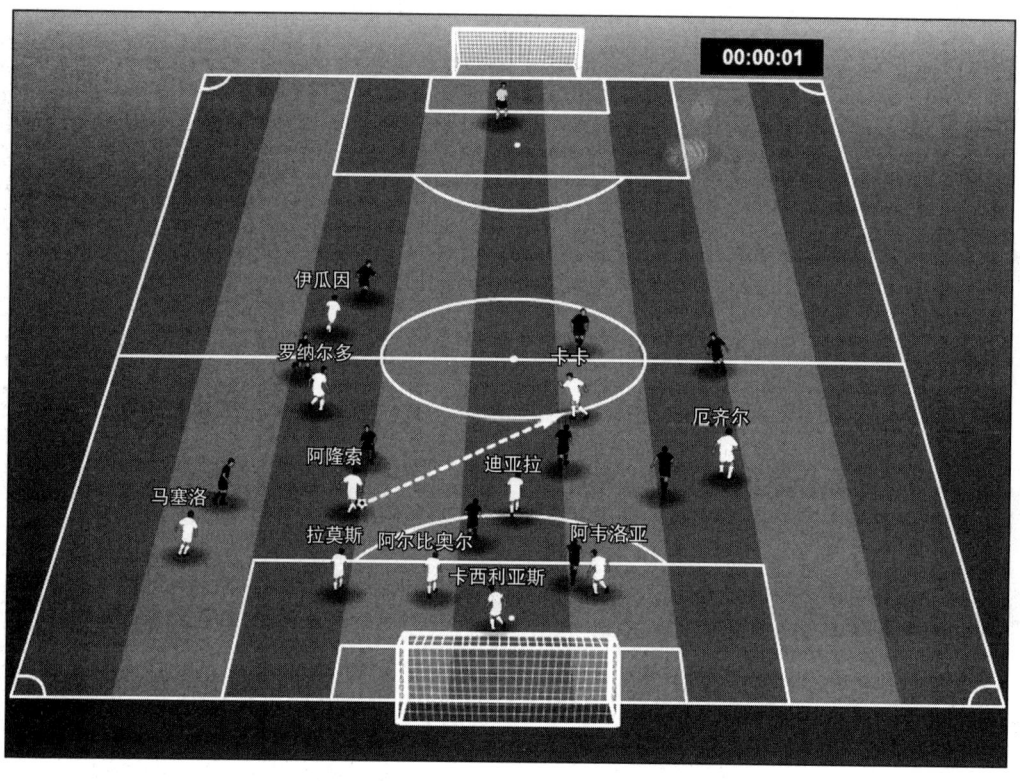

阿隆索在后场控球后将球传给卡卡，球队快速由守转攻。

第四章

由于伊瓜因和罗纳尔多没有为卡卡提供良好的接应，卡卡自己运球创造出1对1的局面。

罗纳尔多分析场上的局势后斜线跑动插入场地的另一侧（中后卫身后的空当），卡卡乘机将球传给他。

罗纳尔多向罚球区运球，伊瓜因从左路跑向盯防他的防守球员身后进行接应。

罗纳尔多及时将球传给防守球员身后的伊瓜因，伊瓜因在罚球区内射门得分。从阿隆索第一脚传球到进球总共用时12.16秒。

本节训练单元（2个训练项目）

一、无防守球员的快速突破进攻

1. 训练目标
提高快速突破进攻和利用1对1、2对2局面的能力。

2. 组织方法
如图所示，使用全场并在场地中设置标志物和假人。6号球员从罚球区内开始，他将球传给10号，10号快速接球转身并向前运球。在他到达假人之前，必须完成360°转身或假动作然后向另一侧运球。

此时，11号球员开始向另一侧斜线跑动创造右路空当。10号球员将球传向11号跑动前方空当处。当11号球员接球向前运球时，9号球员摆脱防守球员盯防后跑动接应，在两名假人（两名中后卫）身后之间的空当处要球。11号将球传给9号，9号接球并射门得分。接着从另一侧开始下一次练习。

3. 训练要点
（1）第一脚传球时，10号球员应进行摆脱跑动接球转身。

（2）在中路运球时，球员要通过短促的触球近距离控球，而且在试图通过变向突破防守球员时也应该这样做。

（3）在前场，关键点是传球准确性和合适的力量，以及传、跑时机的协调一致。

拓展训练

二、1对1或2对2快速突破进攻

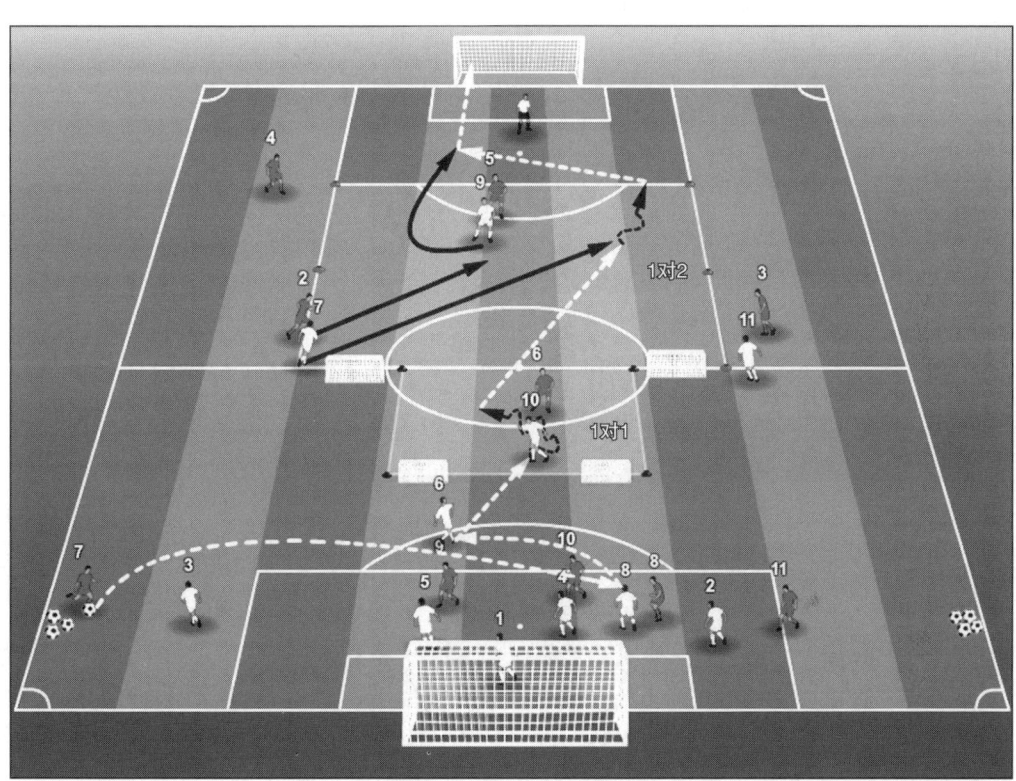

组织方法

这个练习是11对11的对抗训练。

在后场的左路和右路放置一些球，红队的7号和11号球员横传球。如图所示，当7号球员横传球时，白队的左后卫（3号）对他进行紧逼防守，同时在罚球区内形成4对4的局面。白队球员的目的是防守横传球并将球解围给中场球员（6号）。

如果出现这种情况，6号球员接球后将球传给10号。10号球员和红队中场球员（6号）形成1对1局面，10号的目标是运球突破6号。如果红队获得球，目标是将球射入小球门。

如果10号球员突破防守球员，然后将球传给下一个区域斜线跑动的7号或11号的其中一名。11号或7号和本方中锋与红队两名防守球员形成2对2的局面。从6号球员接球开始，球队必须在12秒钟内完成进攻。

进球分析：从后场发动的快速反击

2011.10.02

西班牙人0：4皇家马德里（第3个进球），罗纳尔多助攻卡列洪。

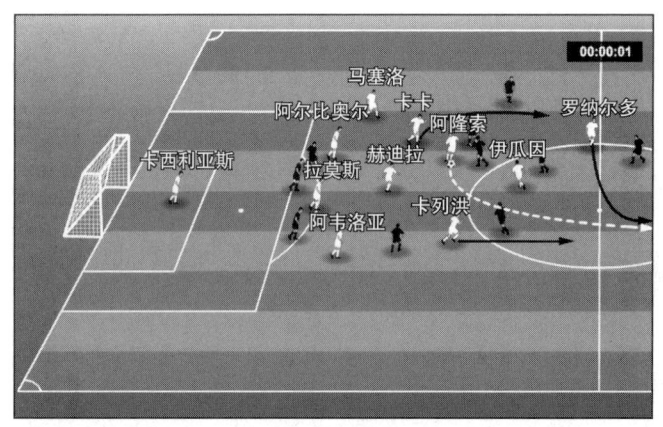

西班牙人队失去控球权时，其防守球员的位置非常靠前。阿隆索将球传到另一半场的空当，这个区域正好是罗纳尔多向前跑动的区域（当时他是进攻速度最快的球员）。

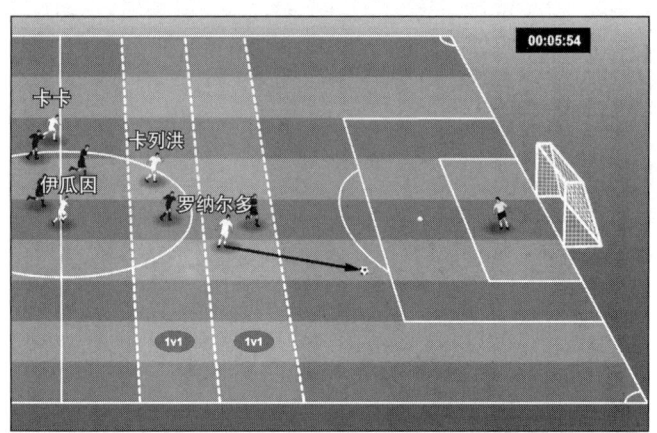

在1对1局面下，罗纳尔多的速度更快、技术更出色。卡列洪身后的一名防守球员快速回追。此时，形成了两个1对1的局面。

罗纳尔多再次发挥速度优势，带球突入罚球区，此时一名防守球员阻截他，罗纳尔多地滚球传给此时已从另一侧边路插到后门柱的卡列洪直接射门得分。

从阿隆索的传球到进球得分，此次防守反击总共用时8.9秒钟。

第四章

本节训练单元（3个训练项目）

一、3区域动态训练：攻守转换和接应

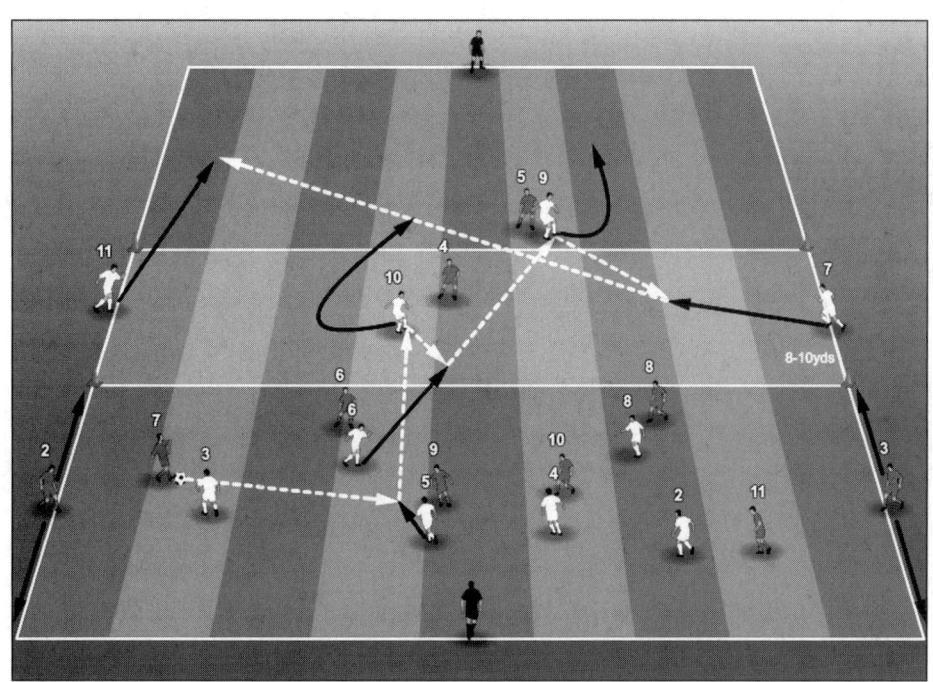

1. 训练目标
提高后场由守转攻和利用1对1、2对2局面的优势。

2. 组织方法
将60码×40码的场地分为3块，即中间区域10码×40码、两端区域25码×40码。

练习从外侧的一个区域开始，控球方站位如图所示。8名进攻球员（红队）对6名防守球员（白队）和1名中立球员（蓝队）。在这一区域内，红队有4名中场球员和2名进攻球员，2名边后卫只能沿边线活动（2号和3号球员）。白队有4名防守球员和2名中场球员（来自4-2-3-1阵型）。中立球员和控球方同队。在中间区域（二区）形成1对1局面，2名白队边前锋只能沿边线活动。在另一端的区域内，白队9号和红队5号球员形成1对1局面。

在第一个区域内，红队的目的是保持控球权，并且在连续完成6～8次传球后得1分。白队的目的是抢断球，并快速将球传给二区的10号球员。允许1名球员进入二区接应他，并接回传球。接下来这名球员在三区内和9号中锋完成配合。如图所示，2名边前锋（7号和11号球员）在二区和三区接应9号中锋。

一旦球传入三区，两队角色转换，形成如上图所示的局面。继续进行练习。白队的目的是保持控球权，并且连续完成6~8次传球后得1分。红队的目的是抢断球，并且快速将球传给二区的10号球员，以此类推进行练习。

3. 练习规则

从防守转为进攻的球队在一区和二区只有1~2次传球机会，在三区不限传球次数（除两名边路球员和中立球员，他们只有1~2次触球机会）。

4. 训练要点

（1）防守球员围绕球尽全力紧逼对手，争取夺回球权。
（2）为防止传球，必须进行补位，并且要快速转换防守位置（换位）。
（3）实施紧逼时后卫之间要保持适当距离。
（4）在由守转攻时，球员要有良好的意识，即快速决策、接应和跑动，始终保持快节奏（一次触球）和良好的沟通。

第四章

拓展训练

二、攻守转换和边路球员的接应

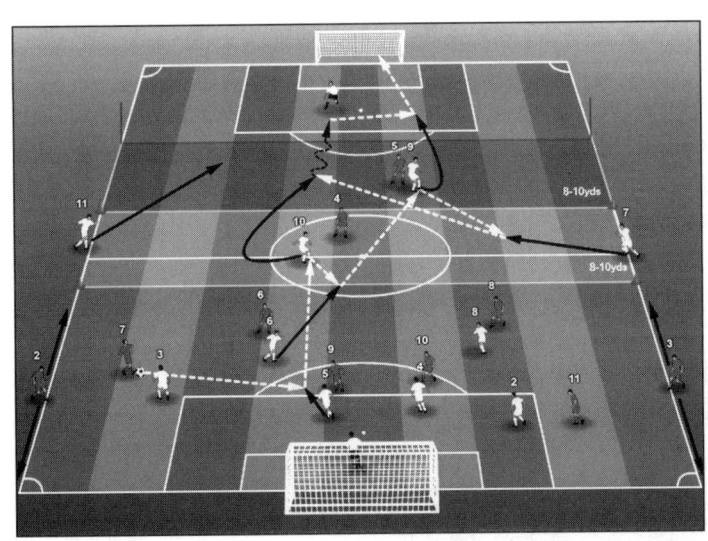

组织方法

使用全场进行训练。

球队必须在8~10秒钟内由守转攻完成进攻。

拓展训练

三、4区域：11对11攻防转换和接应

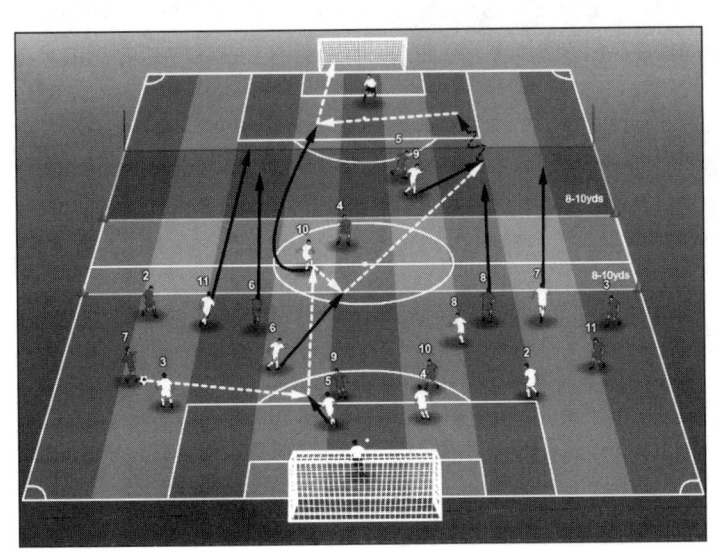

组织方法

白队的两名边锋（11号和7号）和红队的两名后卫（2号和3号）从训练开始就进入场内参与攻防练习。

进球分析：利用防守方的弱侧（1）

2011.09.10

皇家马德里4∶2赫塔菲（第3个进球），罗纳尔多助攻本泽马。

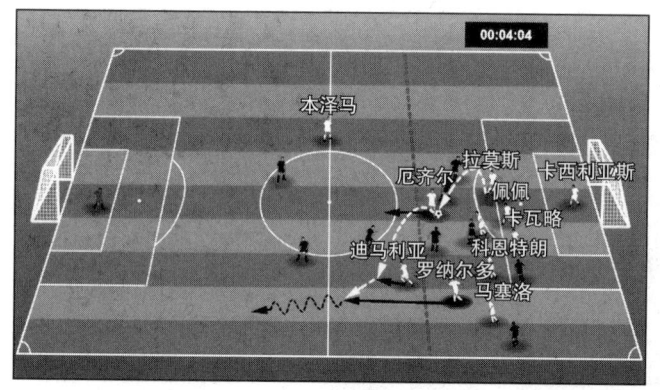

拉莫斯将抢断的球传给厄齐尔，厄齐尔看到左路的迪马利亚，一脚触球将球传给他。在传球过程中，罗纳尔多全速向前冲刺接应迪马利亚，并接其传球后高速向前带球。

此时前场形成4对2的局面（加上一个在罗纳尔多身后回追防守球员）。罗纳尔多看到插入对手弱侧的本泽马，将球从两名后卫身后传到了本泽马的跑动路线上。

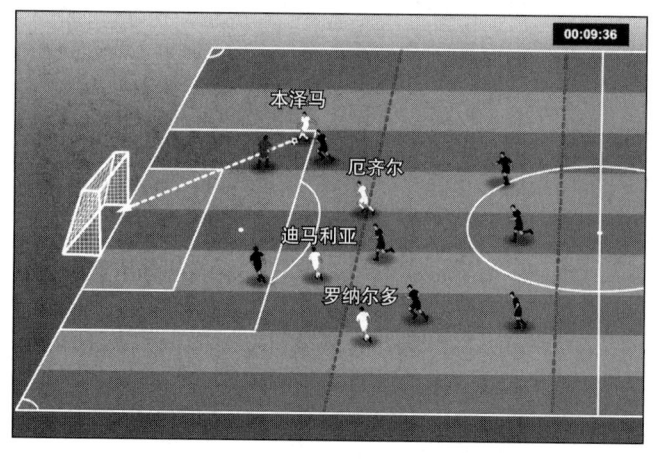

这个例子展现了精明、果断的决策和同步性（时机），即罗纳尔多的传球和本泽马的跑位。本泽马先于守门员获得球并直接射门得分。这次反击用时9.36秒。

第四章

进球分析：利用防守方的弱侧（2）

2012.05.02

毕尔巴鄂竞技0：3皇家马德里（第二个进球），罗纳尔多助攻厄齐尔。

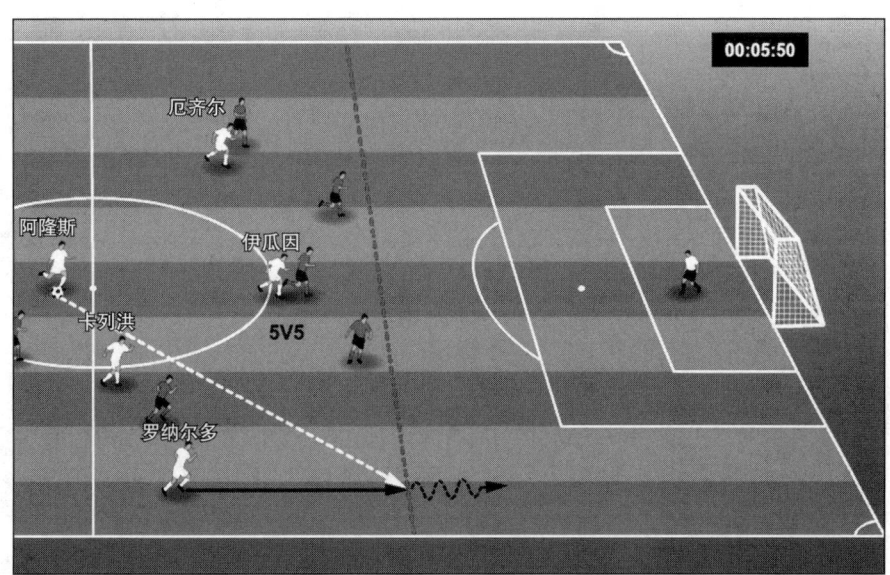

在由守转攻时，皇家马德里形成5对5的局面。阿隆索看到右路空当，将球快速传给罗纳尔多，罗沿对手弱侧运球推进。

罗纳尔多横传给后门柱空当的厄齐尔，厄齐尔先于守门员控制球并射门得分。这次反击用时7.92秒。

本节训练单元（5个训练项目）

一、小场地比赛：3队防守反击

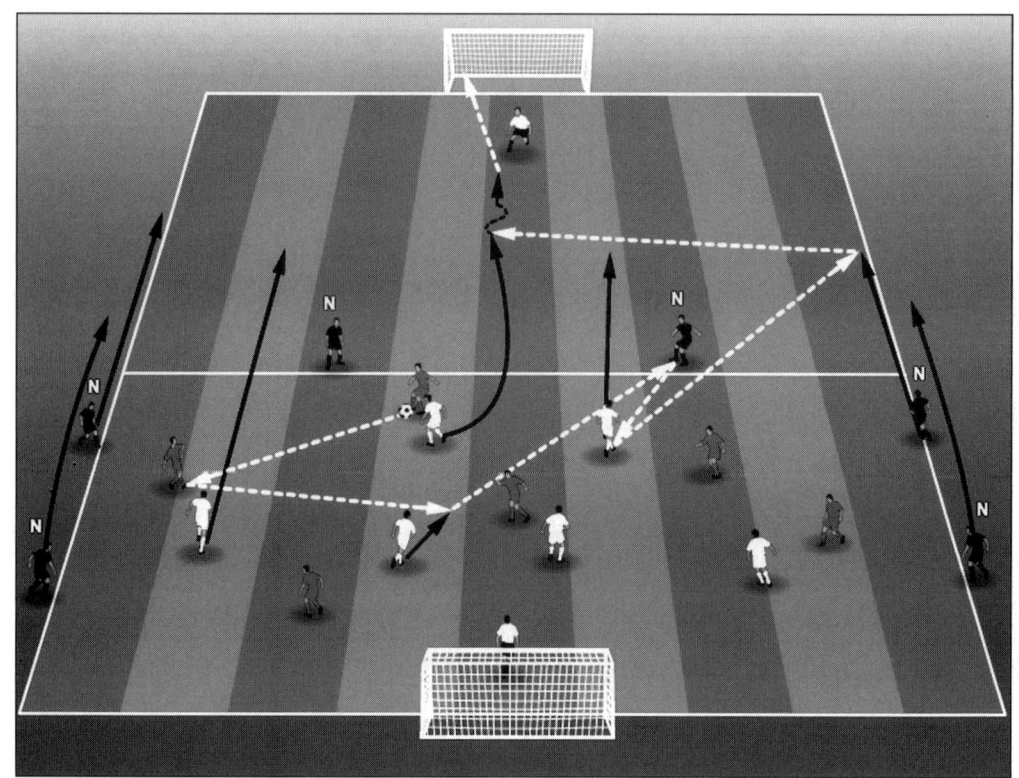

1. 训练目标

提高后场由守转攻和利用对手弱侧的能力。

2. 组织方法

将50码×50码的场地均分为两块。一块半场为两队各6名球员，在此半场外加6名中立球员。红队在中立球员的协助下尽力进球得分。白队采用4-2阵型围绕球进行防守。

当白队获得球，他们迅速进行攻守转换（这时中立球员协助白队但不能射门）。两边的中立球员不许进到场内。

红队球员必须快速从进攻转到防守状态。一旦有一方进球或球出界，就从另一半场重新开始练习，两球交换角色，中立球员的角色也一同转换。从获得球的时刻开始，必须在8秒钟内完成进攻。场内球员规定触球次数，中立球员只有1～2次触球机会。

第四章

变换形式

二、小场地比赛：3队动态防守反击

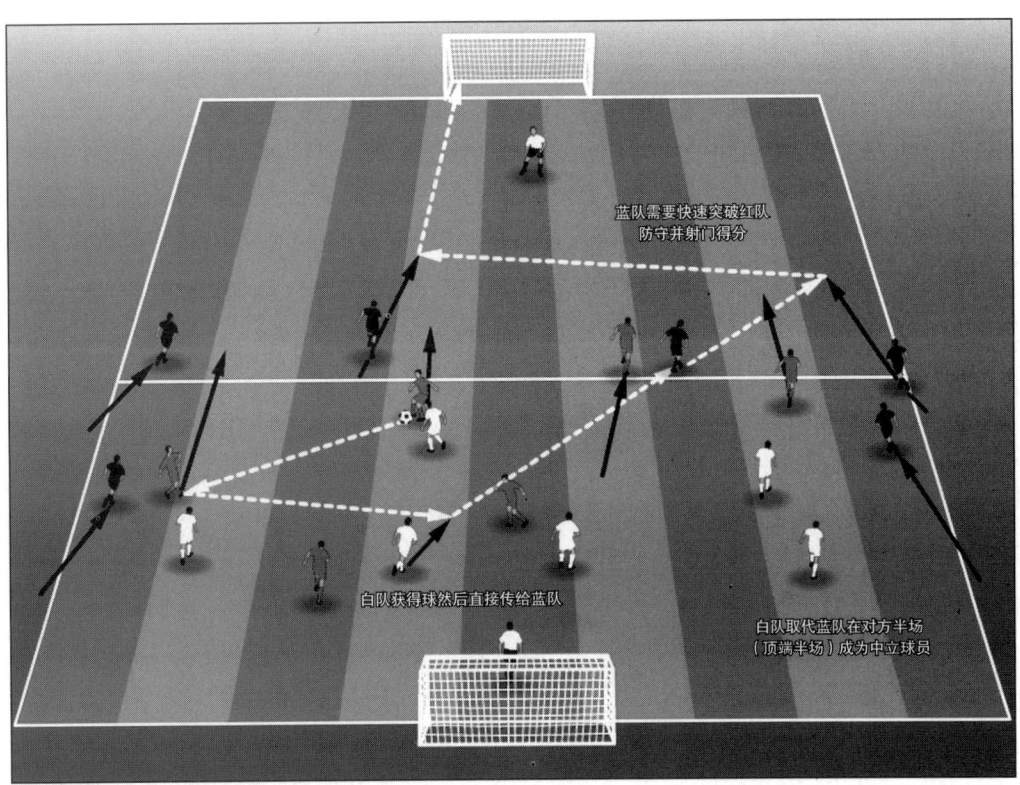

1. 组织方法

红队进攻、白队防守。如果白队获得球，则立即将球传给蓝队球员，蓝队向另一端球门进攻而红队防守（白队成为中立球员）。

如果在进攻过程中球出界，蓝队将和白队在顶部的半场开始进攻。如果红队获得球，则将球传给白队，和白队进行攻防练习，蓝队防守。这时，在另一半场的红队代替白队成为中立球员。

2. 训练要点

（1）采用围绕球防守的球队要尽力紧逼对手，争取夺回球权。

（2）在由守转攻的过程中，进攻球员要尽可能快地向前推进，不给防守球员反应的时间。

（3）为了完成快速突破，需要较多前锋插入进攻半场。

（4）在由守转攻的过程中，需要球员充分利用球场宽度和对手的弱侧。

拓展训练

三、攻守转换中的边路进攻和转移进攻

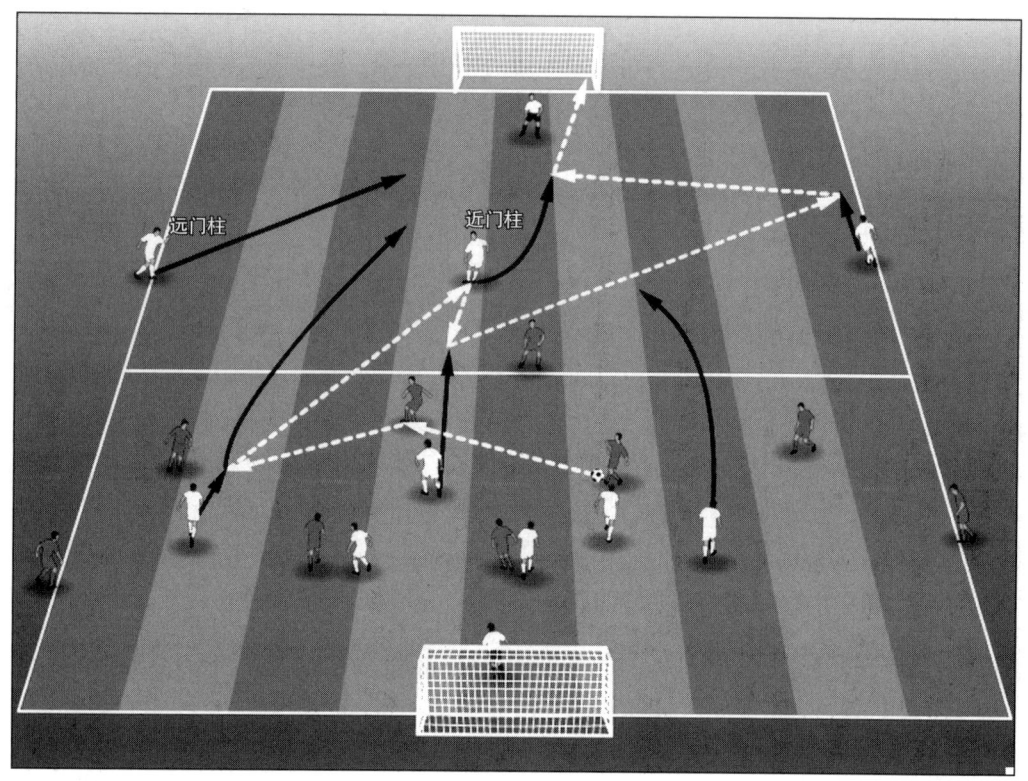

1. 训练目标

提高后场的攻守转换和快速反击配合。

2. 组织方法

10对10。将50码×50码的场地均分成两块。在一块半场内，有6名白队防守球员和1名守门员，红队有9名进攻球员。其中，红队有6人在场内、3人在半场界线上（2名边线、1名中线）。另外3名白队球员在另一半场内。

红队的目标是利用人数优势取得进球。如果白队获得球，他们要快速由守转攻，必须尽可能快地将球传到进攻半场的白队球员脚下，再由其回传球给跑动插上的进攻球员，进攻球员接球后再将球转移给边路的白队球员，其他两名进攻球员分别向近门柱或远门柱跑动并完成进球。在防守半场的白队球员必须快速向前插上接应。

红队球员只能在球进入另一半场的情况下才能进入该半场。从获得球开始，必须在8秒内完成进攻。如果球出界，将从另一半场重新开始练习，同时球员交换角色。

第四章

拓展训练

四、3区域攻守转换：利用对手的弱侧

1. 训练目标

提高后场攻守转换和利用对手弱侧的能力。

2. 组织方法

10对10。将60码×40码的场地均分为3块（每块20码×40码）。

在后场，白队安排4-2的防守阵型，防守红队的7名进攻球员。如果白队获得球，则快速将球传到中场，形成4对3的人数优势。从白队获得球开始，要在10秒内完成进攻。

可以允许1名红队球员从后场回追协防，这样就形成了4对3+1的局面（就像皇家马德里对阵赫塔菲时本泽马的第三粒进球）。

拓展训练

五、全场3区域攻守转换：利用对手的弱侧

1. 训练目标

提高后场攻守转换和利用对手弱侧的能力。

2. 组织方法

将整个球场均分为3块。在后场，1名守门员+8名白衣防守球员与7名红队进攻球员对抗。在中场，白队处于2对3的人数劣势。当白队获得球并由守转攻时，至少3名白队球员从后场前插至中前场协助完成进攻。

可以与上一练习一样，允许1名防守球员到中场进行协防，这样在转换过程中形成5对3+1的局面。

或者，也可以让所有球员在攻守转换中自由跑动（一旦球传到中场，进攻和防守球员可以在所有区域活动）。

进球分析：长传转移到弱侧进行突破

2012.04.29

皇家马德里3∶0塞维利亚（第3个进球），拉莫斯助攻本泽马。

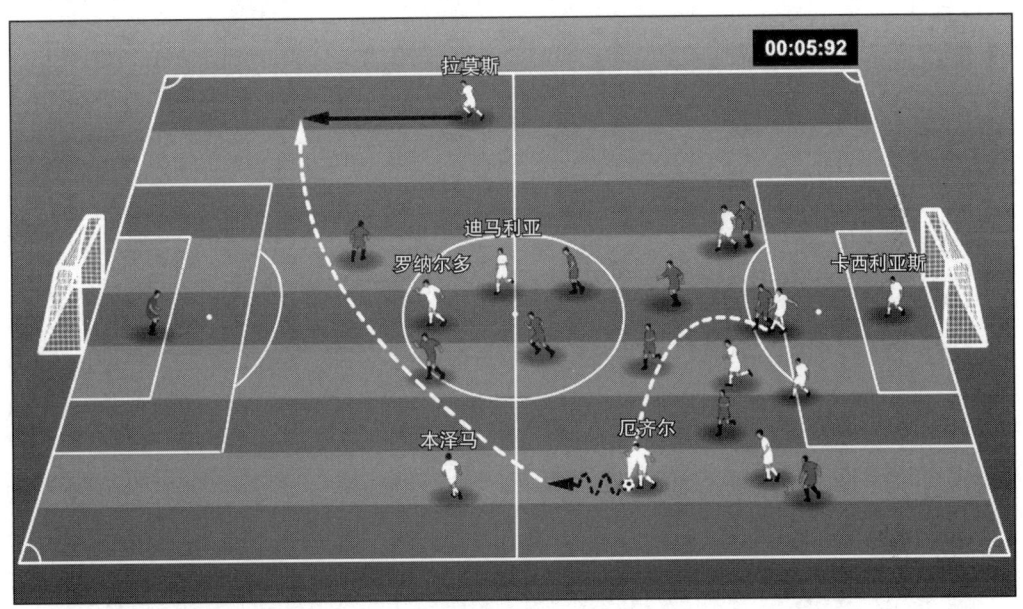

厄齐尔获得球后，皇家马德里在主动攻守转换中拥有人数优势。

厄齐尔有很多传球选择，这次他选择长传转移到对手弱侧，改变进攻方向。

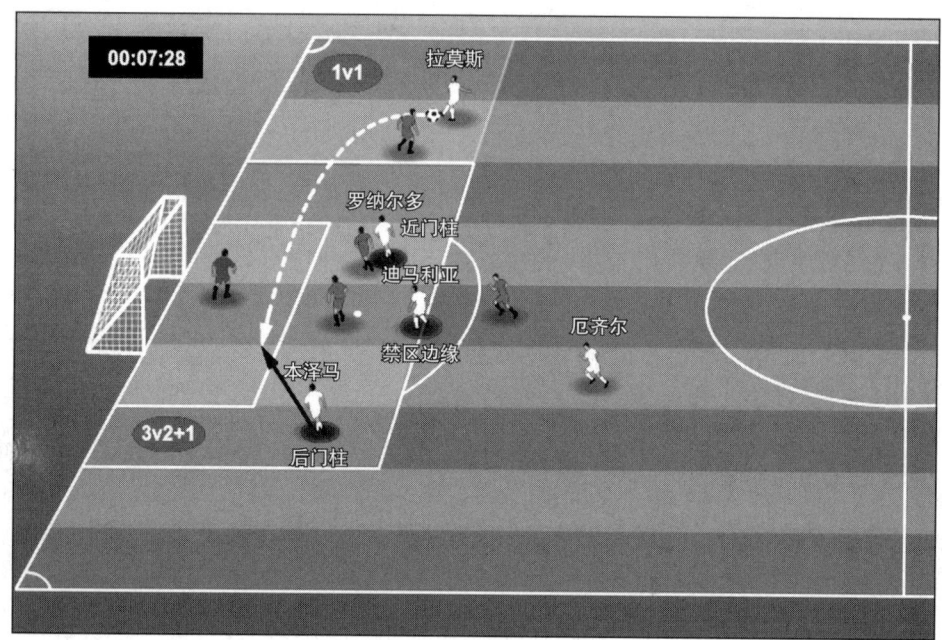

拉莫斯在右路接到传球后，将球横传到后门柱，本泽马刚好从另一侧边路跑动插入。还有另外一种选择，即罗纳尔多跑动插入到近门柱，同时迪马利亚从其身后跟进。

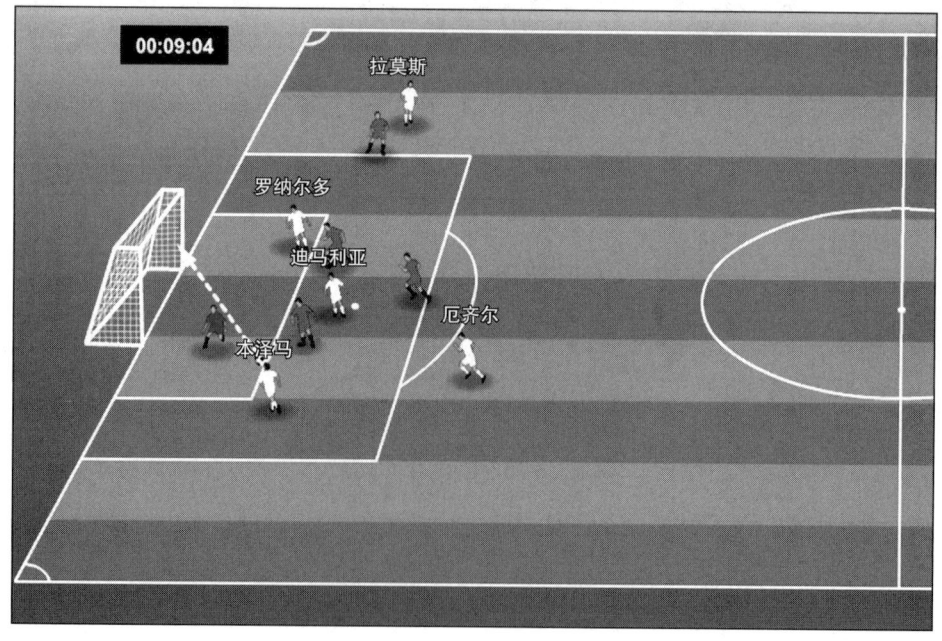

本泽马展现了出色的头顶球技术，在另一侧球门区角处头顶球攻门得分。这次进攻用时9.04秒。

第四章

本节训练单元（2个训练项目）

一、5区域：快速突破与转移进攻（1）

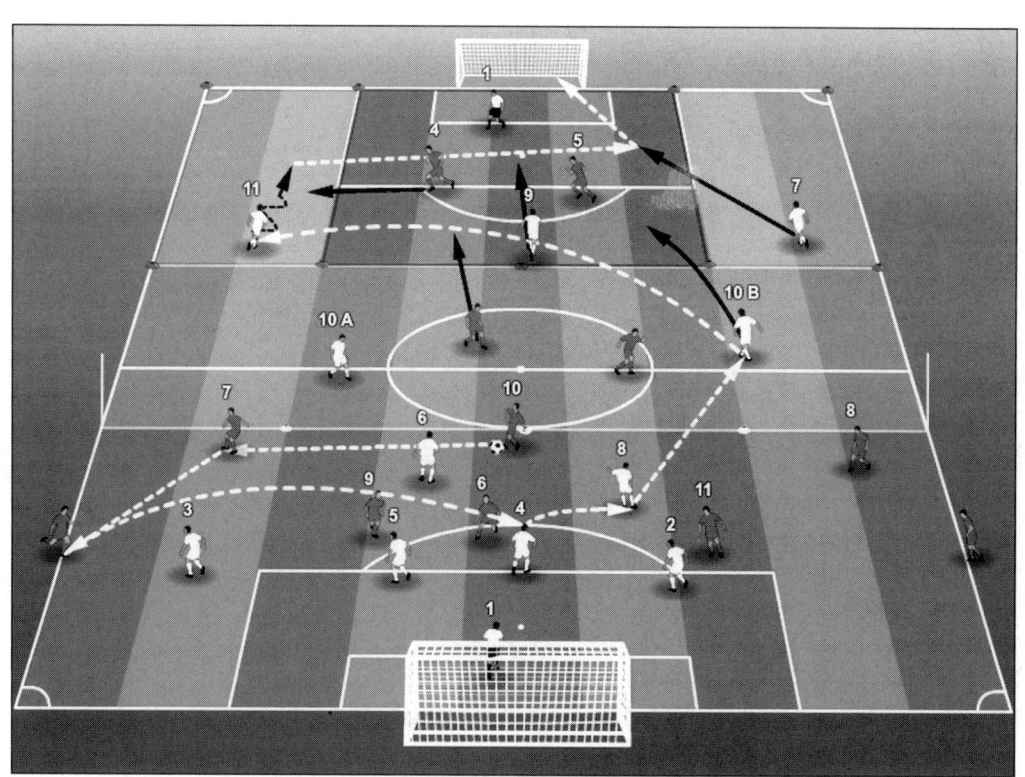

1. 训练目标

提高后场的攻守转换和利用对手弱侧的能力。

2. 组织方法

如图所示，在这个练习中将完整的球场分成4个区域。

在后场一名守门员和6名白队防守球员防守红队6名进攻球员和2名场区外的球员。白队采用4-2阵型。红队由4名中场球员、2名进攻球员组成，另2名球员在场区外。

白队的目标是做好盯球防守，获得球后迅速将球传到中间区域。在中间区域形成2对2局面。中场球员接球后迅速将球传给前场另一侧的边前锋。

前场分为两个边路区域和一个中路区域（罚球区及延长区）。一名边前锋接球后向前运球直到一名中后卫逼近他，形成4对2+1局面后完成进攻。从白队获得球开始必须在10秒钟内完成进攻。

变换形式

二、5区域：快速突破与转移进攻（2）

组织形式

与上一练习相同。但是，红队在前场没有那两名区域外球员。

第四章

进球分析：创造和利用边路空当（1）

2011.09.24

皇家马德里6：2巴列卡诺（第1个进球），厄齐尔助攻罗纳尔多。

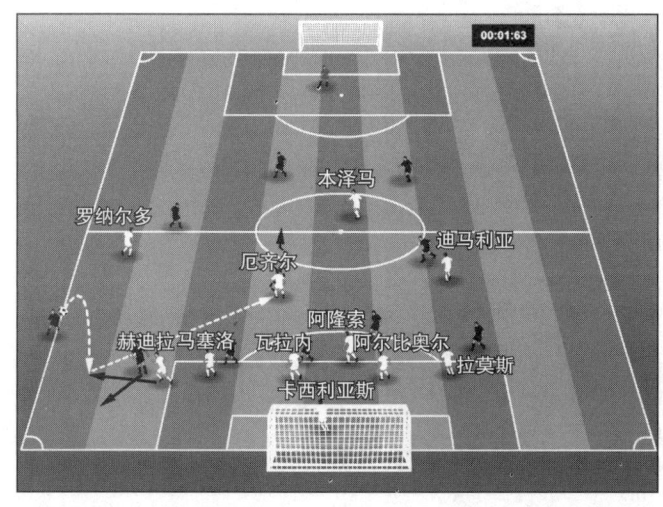

赫迪拉截获了对手的界外球（1对1局面），然后快速将球传给球场中路的厄齐尔。此时，皇家马德里主动由守转攻，与对手形成4对4局面。厄齐尔向前运球。

罗纳尔多在左路全速冲刺并在空当处要球。厄齐尔将球传给罗纳尔多，他凭借出众的速度和出色的运球能力突入罚球区。

对于后卫而言，罗纳尔多的速度很快，他用脚内侧射门得分。从赫迪拉断球到罗纳尔多进球整个过程只用时9.57秒。

进球分析：创造和利用边路空当（2）

2011.10.26

皇家马德里3：0比利亚雷（第3个进球），本泽马助攻迪马利亚。

在这次攻守转换中，从卡卡断球后向前运球开始由守转攻。卡卡将球传给马塞洛。

在后卫没有回到防守位置之前，马塞洛将球向内传给本泽马。本泽马将球传到右后卫身后的空当，迪马利亚向前插入空当。

迪马利亚将球调整到他的左脚（他的强脚），用脚内侧将球射入球门远角。整个进攻仅用时11.70秒。

本节训练单元（5个训练项目）

第一组

一、从后场快速完成防守反击

1. 训练目标

提高后场的防守组织能力。

2. 组织方法

如图所示，在半场靠近中线处放置4个小球门。白队一名守门员和6名防守球员，采用4-2阵型。进攻方红队6名球员。练习由红队掷界外球开始。白队要立即紧逼抢球，如获得球必须在6秒钟内攻入任意一个小球门（快速防守反击）。

3. 训练要点

（1）防守方要竭尽全力盯球防守争取获得球权。

（2）为阻止传球，球员要做好补位，快速完成换位。

（3）逼抢时防守球员之间要保持合适距离。

（4）由守转攻时，球员要有良好的意识、果断的决策，以及快速地跑动接应和传球节奏（一脚出球）。

第二组

二、快速配合、接应和射门

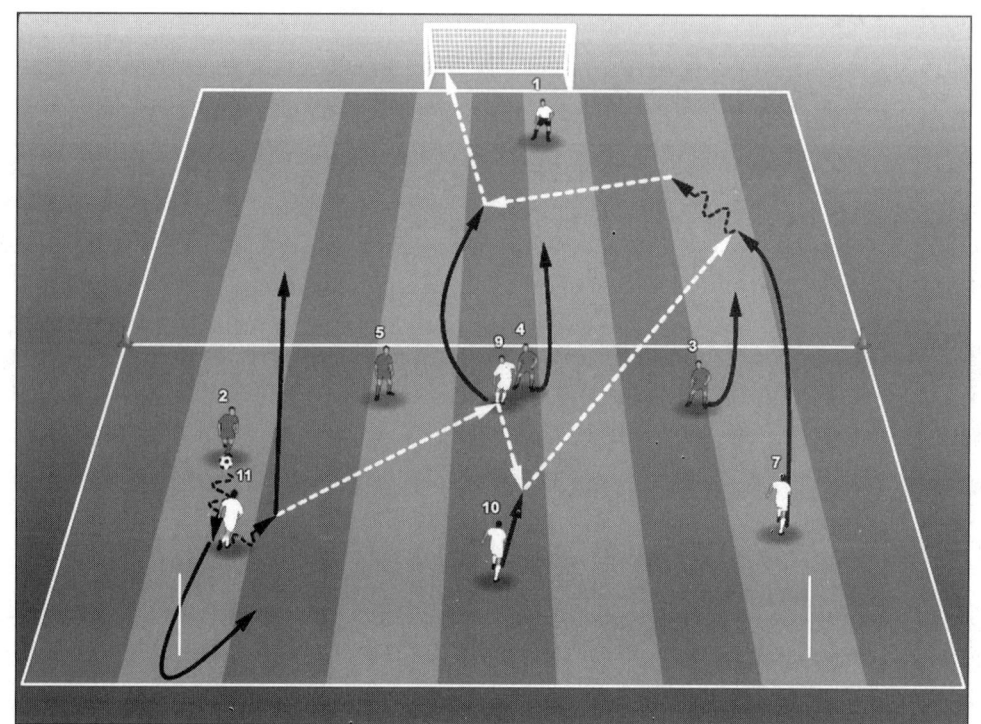

1. 训练目标

提高快速由守转攻的能力。

2. 组织方法

将30码×25码的场地分成两块。4名防守球员和4名进攻球员（两名边锋、一名中场球员和一名中锋，源于4-2-3-1阵型）。训练开始时，红队右后卫带球跑向白队11号球员，将球停在他脚下后全速往前跑绕过标志杆，然后防守转换。白队11号球员向前运球，此时白队开始进攻，和对手形成4对3+1局面（+1球员是绕标志杆后回追的球员）。当防守方全力阻止进攻时，进攻方必须想出合适的对策和配合去射门得分。在球进入进攻半场之前防守球员不许进入该区域。进攻球员从两侧跑动接应。

3. 训练要点

（1）由守转攻要迅速。

（2）在快节奏的训练中球员要展现出果断的决策和出色的创造力（不同的传球配合）。

（3）向防守方身后的跑动时机要准确，而且要协调好传球的方向和力量。

第四章

第二组 变换形式

三、攻守转换：快速配合、接应和射门

组织方法

在这个变换形式中，训练由守门员开球开始。守门员将球传给边路球员，4名白队球员对3名红队防守球员展开快速进攻。在球进入另一半场前防守球员不许进入该半场。完成进攻后，4名白队球员中的3名和底线处3名红队球员交换位置。剩下1名白队球员和另一底线处的两名白队球员组合成为防守球员。

底线处的3名红队球员进入场地和另外3名红队球员中的一名组合。仍由守门员以同样方式开始训练，但另一底线处的球员交换了角色。

拓展训练

四、3区域4对3反击进攻

组织方法

在一个标准球场里，将两组训练合并成一组。训练从后场掷界外球开始。在后场由6名场上进攻球员（红队）对阵6名防守球员加1名守门员（白队）。白队采用1-4-2阵型，并且一旦断球成功，必须迅速将球传到中间区域（最多4秒钟）。在中间区域形成4对3局面。这样做的目的是发动最多用时10～12秒的快速反击。

第四章

拓展训练

五、3区域4对4反击进攻

组织方法

同上一练习,但在中间区域是4对4局面。

进球分析：后场突破——延迟传球造成对方防守失衡

2011.08.28

萨拉戈萨0：6皇家马德里（第4个进球），迪马利亚助攻罗纳尔多。

马塞洛抢断球后将球传给罗纳尔多，然后从后面插上接应，并形成了2对1局面。

罗纳尔多快速向内运球，造成对方防守失衡，因为防守球员正在往回移动。

第四章

罗纳尔多将球横传给本泽马，本泽马向前运球至对方后防线前（致使中后卫上前拦截）。与此同时，厄齐尔反向斜插跑向对方防线后空当。这给对手制造了很大麻烦，造成了防守的失衡。

本泽马利用他和厄齐尔跑动创造的空当，将球传给右路的迪马利亚，在迪马利亚前面有开阔的空间。迪马利亚向前带球并低平球横传至罚球区（最后一名后卫和守门员之间）。

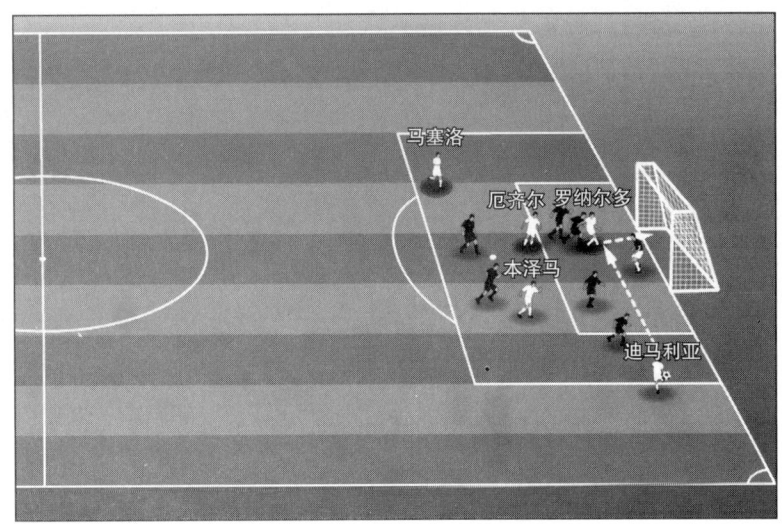

罗纳尔多跑在最前面，恰好接到传来的球并射门得分。

本节训练单元（2个训练项目）

一、小场地比赛：后场攻守转换中的接应

1. 训练目标

在后场展开由守转攻——吸引对手离开防守位置从而打破防守平衡（延迟最后一传的时机以利用创造出的空间）。

2. 组织方法

如图所示，将整个球场分为3个区域。从后场开始练习：1名守门员、5名白队防守球员和5名蓝队进攻球员。白队采用4-1队形、蓝队采用4-1或3-2队形。

蓝队全力射门得分。如果白队球员获得球，目标是将球传到中间区域给从前场回撤接球的队友（无人盯防），按照图中所示的二过一配合接应队友。在对方区域形成5对5局面。蓝队处于防守阶段并且继续练习。在中间区域不能盯防进攻球员。

3. 训练要点

（1）二过一配合的使用是从后场突破向前推进的重要手段。

（2）鼓励球员近距离控制球并向前运球接近防守线，然后延缓传球时间（吸引对手离开防守位置从而创造防线后方空当）。

（3）最后一传和防线后的跑位需要协调一致。

第四章

拓展训练

二、后场攻防转换快速突破防线

组织方法

在后场有8名白队球员和6名蓝队球员，中间区域是2对4的局面。

当白队获得球，3名球员从后场向前移动到中间区域（还有一名蓝队球员也可以回追）形成5对4+1的局面。当进攻结束，训练从另一侧区域重新开始并且两队交换角色。

第五章 中场由守转攻

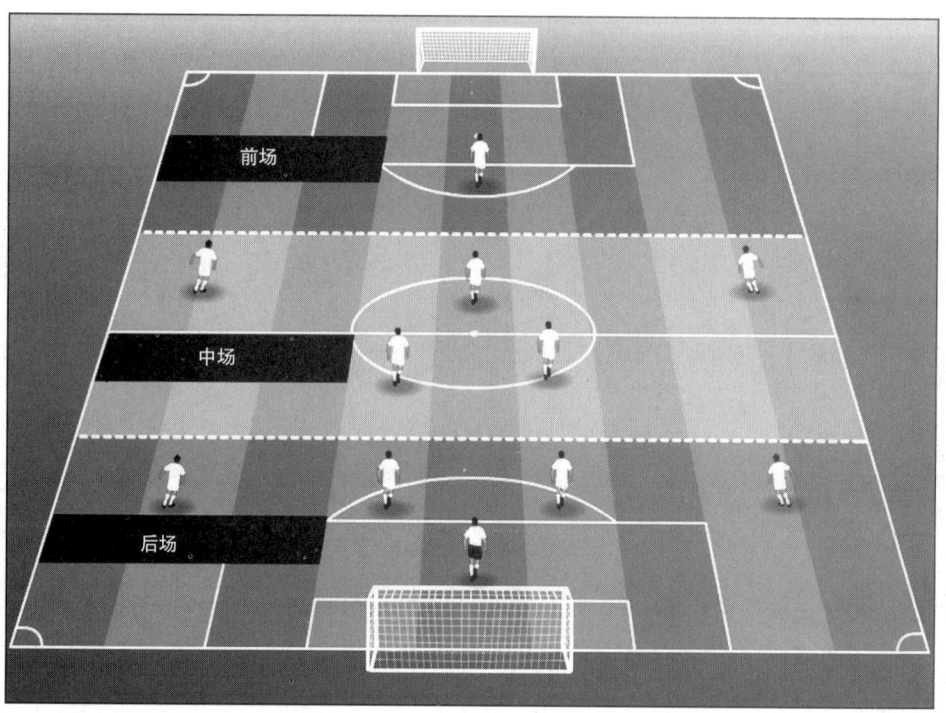

1. 一般状况是对手在中场失去控球权，然后一名皇家马德里球员带球向对方罚球区突破。在这种情况下，对手通常有4名球员在球后，而且防守球员之间的距离较大。皇家马德里由守转攻，形成4对4进攻局面。皇家马德里的战术是让持球队员向对手防线运球而其他球员在防线后方斜线跑动接球并射门得分。

2. 许多在中场失去控球权的球队防线都处于前压态势，在这种局势下皇家马德里非常强大，能够很快洞察这种局势并且知道如何很好地利用它。皇家马德里的战术是利用本队球员的速度向防线后方的空间进攻。控制球的球员通常快速传球以确保控球权，而第二名球员倾向于完成最后一传，将球传向即将跑动插入空当的球员。

3. 也有对方在失去控球权后防守失衡的情况，这时对手的很多球员在球的前方，而球后只有2~3名球员。在这种情况下，皇家马德里有多种选择展开快速进攻，创造出诸如2+1对2或3+1对3的局面。在由守转攻过程中，才华横溢的皇家马德里能够轻而易举地利用这种局面。在这种局面下，纵深插上球员的跑动以及向这名无人防守球员的传球时机是皇家马德里队成功的关键（在前场形成人数优势）。这是一种较轻松的比赛状态。在这种比赛场景下，后插上球员的跑动（+1），以及将球传给空当处这名无人盯防球员的时机是皇家马德里成功的关键（在前场形成人数优势）。

进球分析：中场突破——延迟传球打破后防平衡

2011.08.28

萨拉戈萨0：6皇家马德里（第1个进球），厄齐尔助攻罗纳尔多。

在中场，本泽马从对手身后紧逼中抢断球，皇家马德里在4对4的局面下由守转攻。

本泽马将球传给厄齐尔后向左侧插上,厄齐尔向右侧运球。

厄齐尔向盯防他的球员运球并吸引该防守球员。罗纳尔多把握住这个局面及时插向防线后方(从右后卫和中后卫之间)。

厄齐尔向空当传球给罗纳尔多射门得分。

第五章

本节训练单元（3个训练项目）

一、抢断球、运球、延迟最后一传、射门

1. 训练目标

提高中场由守转攻的能力——吸引对手离开防守位置以打破防线平衡（延缓最后一传以利用创造的空间）。

2. 组织方法

如图所示，在3/4场地内将3个小球门放置在一侧边线上（44码×34码）。场上为4对4局面，白队4名进攻球员源于4-2-3-1阵型，蓝队4名防守球员。教练员长传球给蓝队球员，白队迅速紧逼试图向3个小球门进攻的对手。

如果白队获得球则由守转攻，并迅速离开这个区域（蓝队必须继续留在这个区域）。在射门区，放置4个假人，白队1名进攻球员向假人带球推进，队友伺机跑动插入防线（假人）后方空当接球并完成射门。

3. 训练要点

（1）白队需要作为一个整体紧逼对手，控制时间和空间以便快速获得球权。

（2）在转为进攻时，需要快速完成传球和运球，同时要一次触球完成二过一配合和快速射门。

（3）高效的突破需要移动和传球的节奏协调一致。

拓展训练

二、抢断球，并在对手防守下运球和延迟传球

1. 组织方法

同上一练习，但在这个练习中，射门区里有4名真正的防守球员。

2. 不同规则

（1）4名防守球员被动防守。

（2）4名防守球员主动防守，但球在运行时不能断球。

（3）4名防守球员完全积极防守。

第五章

拓展训练

三、抢断球、运球、前场延迟传球

1. 组织方法

在40码×40码的区域里进行6对6对抗练习。两队都拥有2名中场中路球员（6号和8号）。

如果白队获得球，则向防线后方传球并争取在射门区射门得分。

在球进入射门区前，蓝队防守球员不许进入该区域。

2. 拓展训练

在球进入射门区前，允许蓝队防守球员进入该区域。

进球分析：中场控球——突破前场防线（1）

2012.03.10
皇家贝蒂斯2∶3皇家马德里（第1个进球），迪马利亚助攻伊瓜因。

赫迪拉赢得1对1对抗，并将球传给迪马利亚，皇家马德里由守转攻。对方防守前移到前场，迪马利亚运球前进了几码。

第五章

伊瓜因审视场上局面，选择斜线跑动插入对方左后卫身后。迪马利亚将球传向伊瓜因插上的空当，伊瓜因在防守球员身后接球，并运球突入罚球区。

伊瓜因射球门远角得分。

进球分析：中场控球——突破前场防线（2）

2012.04.21
巴塞罗那1:2 皇家马德里（第2个进球），厄齐尔助攻罗纳尔多。

皇家马德里在中场断球后由迪马利亚运球向前推进。在他身后有5名、身前有4名防守球员（+3名队友）。

对方左后卫犯了一个错误，即离开自己的防守位置上前紧逼迪马利亚，这就使迪马利亚很轻易地将球传给右路无人盯守的厄齐尔。

第五章

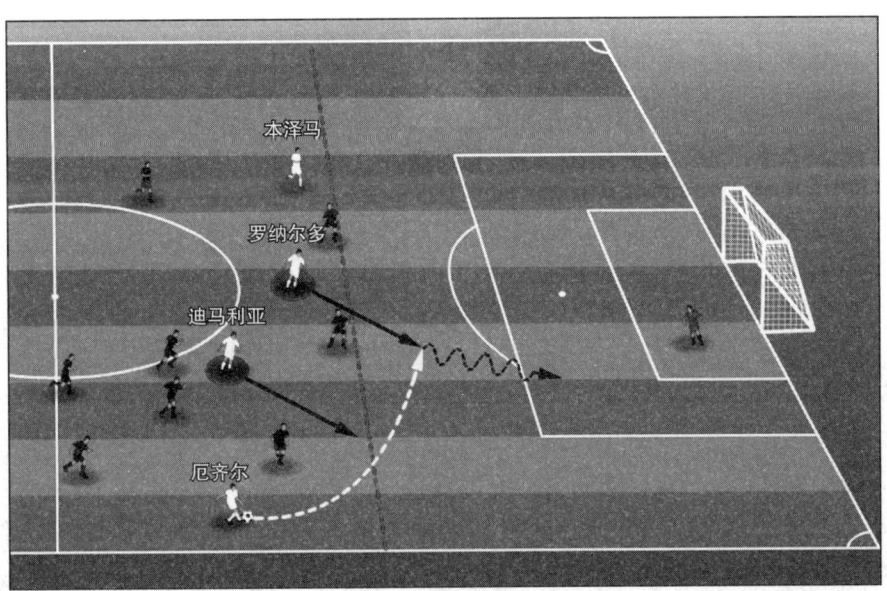

厄齐尔前方出现开阔的突进空间,他看到斜线插入的迪马利亚和罗纳尔多,为不给对方后卫补位的时间,便及时将球传给跑动插入防线后方且有很大空间可以利用的罗纳尔多。

罗纳尔多快速跑动接球,带球晃过守门员后射门得分。

本节训练单元（3个训练项目）

一、3区域：断球和快速反击

1. 训练目标

提高中场断球后的快速反击能力。

2. 组织方法

9对9。将60码×40码的场地分为3块。中间区域为30码×40码、两端区域为15码×40码。两队都采用2-2-3-1阵型。

从中间区域开始练习，两队目标均为保持控球权并连续完成6~8次传球得1分。

当一方失球时，教练员喊"出发"，刚获得球的一方要快速转为进攻并争取射进对方球门得分。另一方要快速转为防守。

3. 训练要点

（1）两队都要在紧逼防守下全力保持球权。

（2）当一方从另一方抢到球并且在教练员喊"出发"之后，球员要对场上局势做出快速反应，展现出正确的决策、移动和机敏的跑位。

（3）应快节奏完成练习，同时确保准确的传球、良好的交流和快速射门。

拓展训练

二、中场防守反击（1）

1. 组织方法

8对9。使用整个球场，划出40码×65码的区域并在一端放置4个小球门。白队采用2-2-3-1、蓝队采用4-4阵型。

从蓝队守门员发球开始练习，蓝队要尽力射入4个小球门进球得分（1分）。当蓝队控球时，白队球员不许站在安全区内，而必须留在主要练习区域，且球在该区域时实施逼抢。

白队的目标是断球后快速由守转攻（突破防守并在前场射门得分）。

2. 练习规则

（1）白队限制触球次数而蓝队不限。

（2）白队需要在4~5秒，或3~4次传球中将球从中场传到前场。

拓展训练

三、中场防守反击（2）

组织方法

在这个提高训练中进行9对9对抗练习，两端都设置标准球门，两队目标一致。训练始终由蓝队开始。当球进入中场时白队尽快实施紧逼。

10分钟后两队交换角色。

第五章

进球分析：多选择快速反击

2011.12.17

塞维利亚2：6皇家马德里（第6个进球），阿隆索助攻阿尔滕托普。

皇家马德里在2对2局面下快速反击。阿尔滕托普从左路运球内切。

阿尔滕托普向内将球传给罗纳尔多。阿隆索从后面插上，此时皇家马德里形成3对2的人数优势，这给罗纳尔多增加一个选择。

罗纳尔多向对方后卫运球，在合适的时机将球传给右路空当的阿隆索。阿隆索第一时间将球横传给从另一侧插入罚球区的阿尔滕托普，阿尔滕托普一脚触球直接射门得分。

本节训练单元（3个训练项目）

一、2对2、3对2由守转攻对抗

第五章

1. 训练目标
通过多名进攻球员的跑动发动快速反击（形成人数优势）。

2. 组织方法
在一个25码×25码的区域放置两个标准球门。两队各有6名球员。由一队的守门员发球开始练习，在场上形成2对2的局面。

当听到教练员指令后，控球方的第三人快速跑动参与进攻，形成人数优势。为了强化练习，也可不必等到教练员的指令。

当进攻结束时，守方守门员将球传给场上的2名队友，进攻对方球门。与此同时，该队的一名第三人从场外插上，再次形成3对2的局面。

每次进攻结束后，3名进攻球员之一要跑到边线，另外两人留在场内防守。

3. 训练要点
（1）边线处的球员要集中注意力以便快速提供接应。

（2）鼓励球员创造不同的进攻配合。

（3）当形成3对2人数优势时，始终有1名球员应跑到空当处接球。

（4）注意传球的准确性和力量——绝佳的最后一传应当是传到无人防守球员插入路线的空当处，并能一脚触球直接破门得分。

拓展训练

二、两区域接应：快速突破进攻

1. 组织方法

将30码×30码的场地分为两个半场并放置两个标准球门。

两队进行对抗练习，由控球方守门员发球开始练习。守门员将球传给外场球员，每个半场都形成2对2的局面。

目标是将球传给进攻区域的另2名队友并快速跑动提供接应，以此造成人数优势（3对2）。如果进攻完成或球出界，进攻区域的1名球员立即到场外，同时1名球员进入场地（如图所示）。两队交换角色继续训练。

2. 训练要点

（1）在1对1或2对2局面下，球员需要展现控球技巧和力量。

（2）决策非常重要——或控球、或突破后卫、或将球传给空当处的队友。

（3）当球传到进攻半场时，球员需要快速向前冲刺以提供接应，并形成3对2的人数优势。

第五章

拓展训练

三、3对2进攻/防守比赛：接应

组织方法

将30码×30码的场地分为两个半场并放置两个标准球门。4名防守球员和7~8名进攻球员进行练习。

训练开始，由一方守门员将球传给己方半场与1名进攻球员对峙的两名防守球员中的一个。他们的目的是将球传给在另一半场的进攻球员。此时，另一名进攻球员从边线进入场地并形成3对2局面（离球最近的控球方球员进入）。目的是利用3对2人数优势进行配合并快速完成射门。

当进攻完成或球出界，只有1名进攻球员留在顶部半场，由守门员开球，再次形成2对1局面。另外两名进攻球员离场。

在底部半场，1名球员从一侧进入场地，再次形成2对2局面。重复前面的训练过程，但从另一侧开始练习。

第六章　前场由守转攻

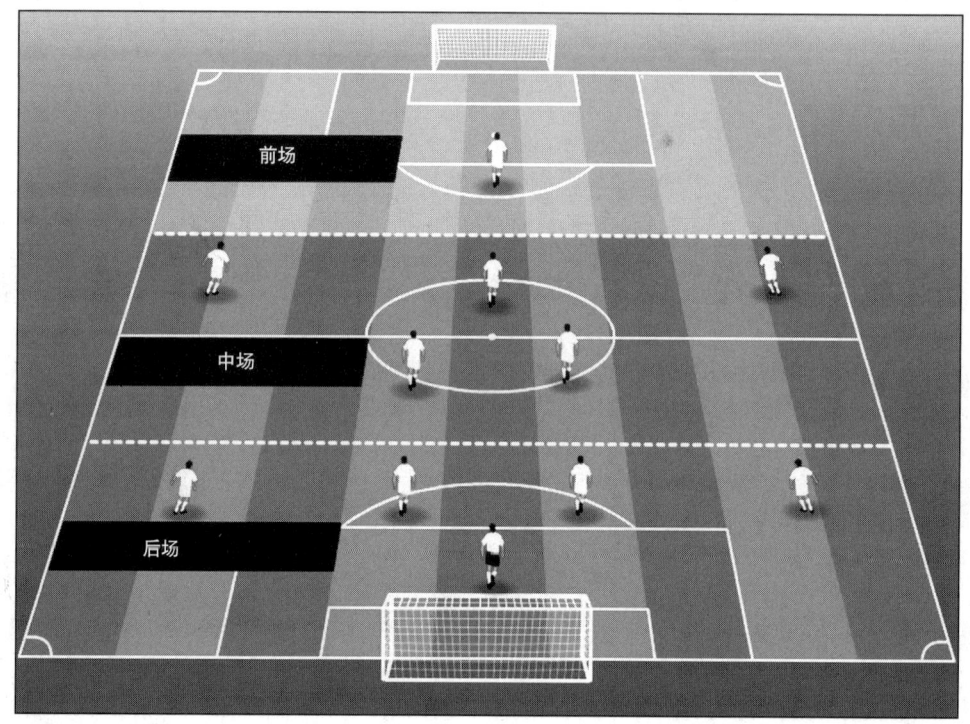

　　皇家马德里是如何在对方罚球区附近的前场进行由守转攻的呢？

　　这种情况通常发生在皇家马德里在前场安全控球，并试图找到打破对方严密防守的进攻手段而失去控球权时。

　　此时皇家马德里会立即紧逼对方控球球员，压缩他们的时间和空间，这将可能在前场快速完成由守转攻。

　　在这种情况下，皇家马德里的目标是利用对手来不及反应的失衡防守体系。

　　抢到球的球员会立即将球向前传给接近罚球区且位置更好的队友。这种快速反击通常会在6秒钟内完成。

第六章

进球分析：由攻转守后由守转攻（1）

2011.11.06
皇家马德里 7：1 奥萨苏纳（第7个进球），阿韦洛亚助攻本泽马。

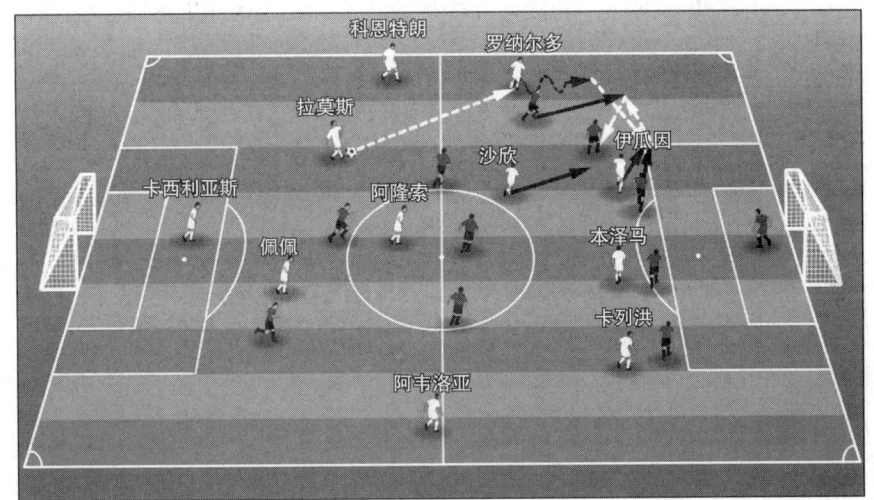

皇家马德里从左路进攻，罗纳尔多试图与伊瓜因二过一配合，但球被对手获得，皇家马德里迅速从进攻转换为防守。

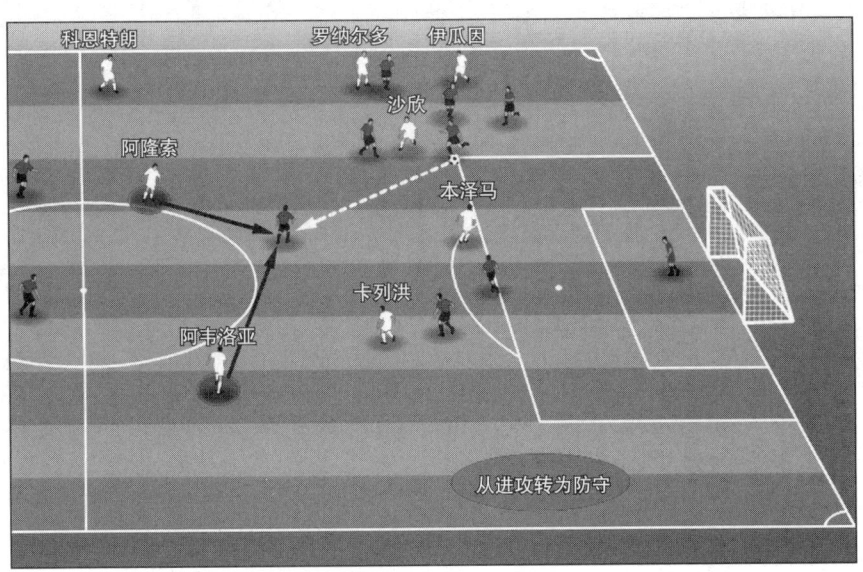

对方球员在皇家马德里球员的紧逼下，在有限的时间和空间内将球传给中路的中场球员。当球传向这名球员时，阿韦洛亚和阿隆索上前夹防不让其转身，以防止他传球或运球突破。

阿韦洛亚断球后快速传给本泽马（快速从防守转为进攻）。当对方防守球员还没来得及反应并且处于失衡状态时，本泽马接阿韦洛亚传球并射门得分。

进球分析：由攻转守后由守转攻（2）

2012.03.04

皇家马德里5∶0西班牙人（第1个进球），伊瓜因助攻罗纳尔多。

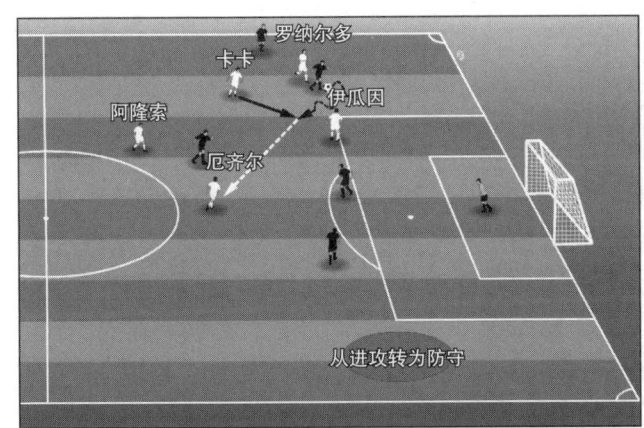

皇家马德里在前场失球并快速从进攻转变为防守，同时紧逼对方持球球员。在有限的时间和空间里，持球球员受到了紧逼。他糟糕地将球直接传给了厄齐尔，于是皇家马德里又从紧逼/防守转变为进攻。

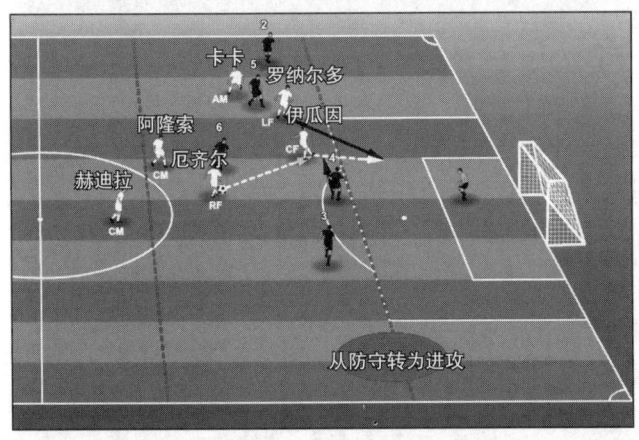

此时的状况跟之前一样，厄齐尔迅速将球传给在失衡防线里占据有利位置的伊瓜因，当其受到后卫阻拦时将球传给外侧的罗纳尔多。

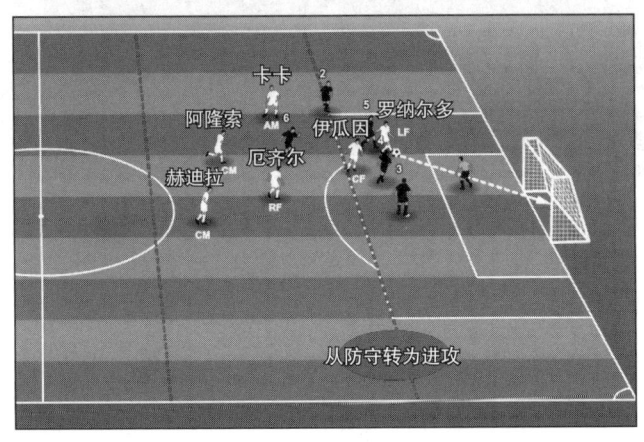

罗纳尔多漂亮地直接射门得分。

本节训练单元（4个训练项目）

一、无对手练习：传球、紧逼和快速突破

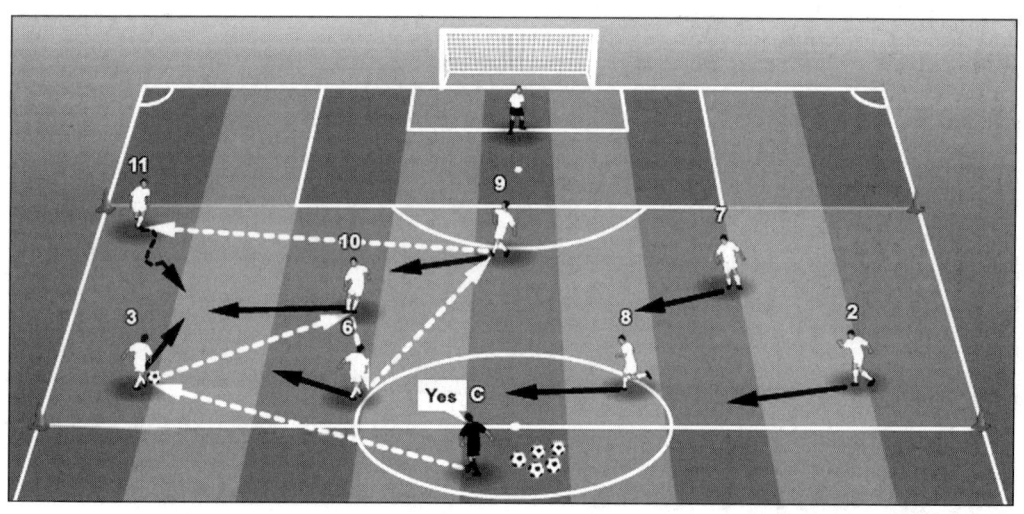

1. 训练目标
提高快速由攻转守和由守转攻的能力。

2. 组织方法

从罚球区边缘到中线设置一个区域。8名球员以2-2-3-1的阵型进行无对手控球练习。

在教练员命令持球球员变成对手时，其他球员要快速由攻转守并立即紧逼他，但是不能碰球（只能占据正确的位置）。

在教练员发出第二个口令的同时，将一个新球传给另一名球员，现在整支球队快速由守转攻。必须在5~6秒内完成进攻。

3. 训练要点

（1）球员需要以规定阵型在各自位置轮流传球，并随时准备转换为防守（紧逼持球球员）。

（2）当教练员将第二个球传给球员时，所有球员需要快速转换为进攻，向前传球并快速跑到罚球区。

拓展训练

二、动态比赛：控球、抢球和反击（1）

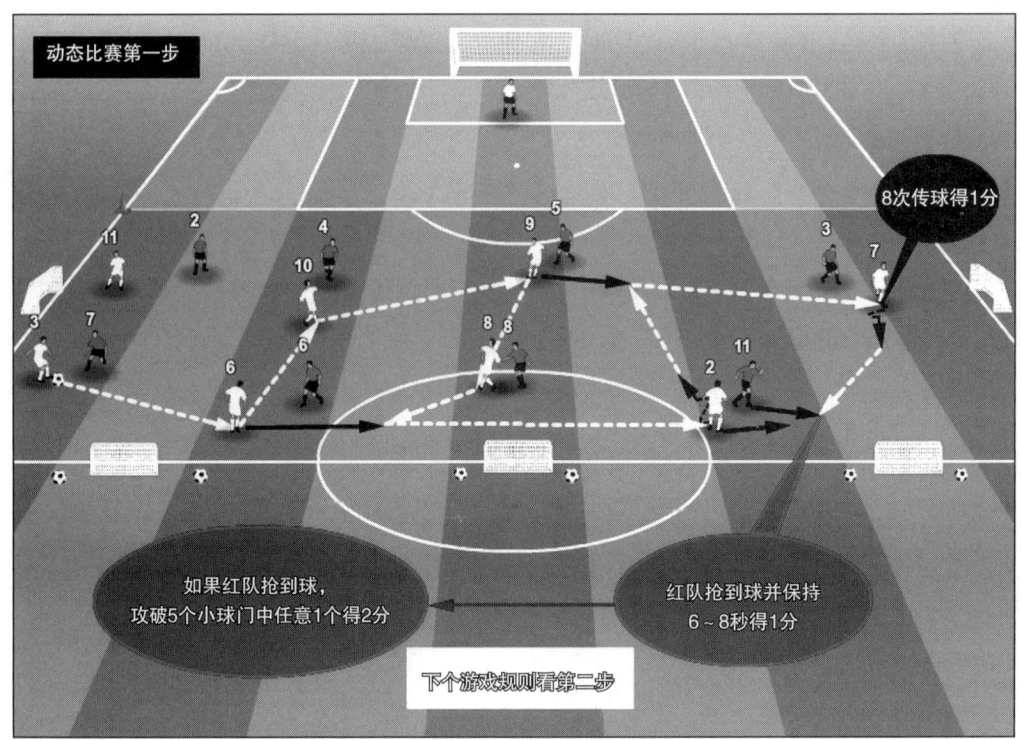

1. 组织方法

8对8（+守门员）。如图所示，在中线上放置3个小球门、在两边线上放置两个小球门（这些小球门有助于提高由攻转守的能力，因为必须快速紧逼持球球员并阻止其利用自己的强侧脚）。

白队采用2-2-3-1阵型、红队采用4-4阵型。

训练开始时，白队控球，第一目标是在对方紧逼下保持球权。如果连续完成8次传球，即得1分。

如果红队抢到球，白队的第二目标是在6～8秒内夺回球权。如果不能实现目标，红队即得1分，而且如果红队能攻破5个小球门中的任意一个，将得2分。

第六章

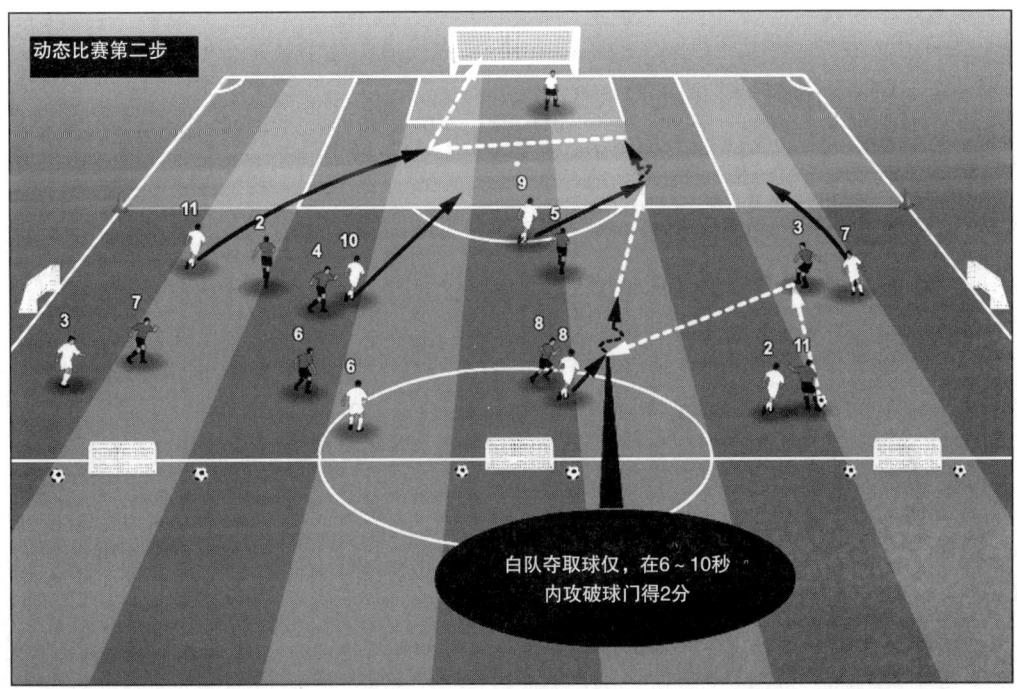

当白队夺回球权，第三目标是进攻，并在6~10秒内攻破有守门员防守的球门。如果进球，将得2分。

白队控球完成第一目标时不限制触球次数。当他们抢回球权完成第三目标时，只能够触球1~2次。

2. 训练要点

（1）练习的目的是提高失去球权时快速转为紧逼/防守的能力。同时，提高夺回球权时快速转为进攻的能力。

（2）在由守转攻时，球员需要在受到紧逼的情况下，在有限的空间和时间里做出正确的决策。

（3）这个训练能提高球队在有限时间和空间里受到紧逼时的控球能力。

（4）正确的身体姿势（半转身）和站位对选择下次传球路线非常重要。

（5）跑动接球前摆脱防守对于在球员密集的区域里创造空间非常重要。

（6）决策是关键——什么时候传脚下球、什么时候传高空球，以及传球力量和向防线后方的跑动方向和时机。

变换形式

三、动态比赛：反击进攻（2）

组织方法同上一练习，但移除边线上的两个小球门。

提高训练

四、动态比赛：反击进攻（3）

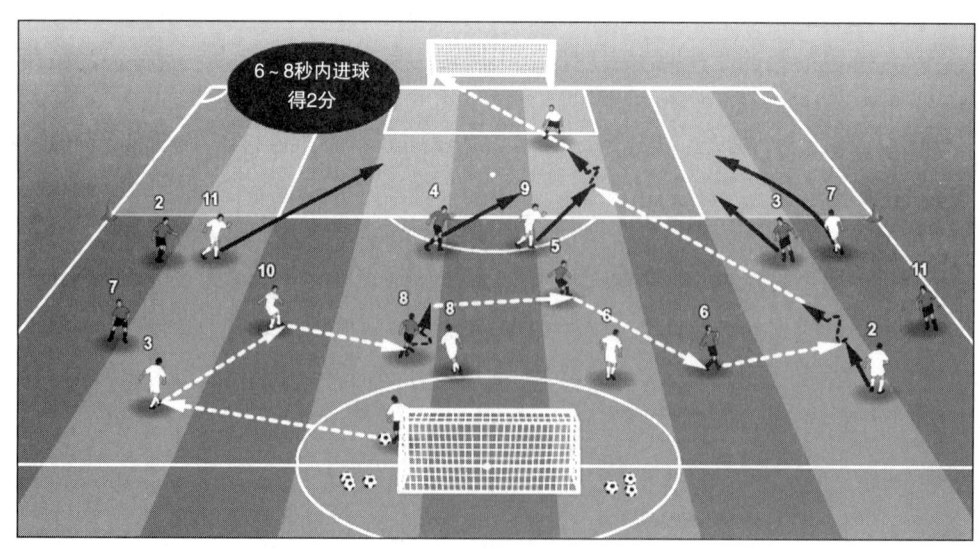

组织方法移除中线上的3个小球门并放置一个标准球门。

第七章 从后场到前场的进攻组织

皇家马德里从后场组织进攻时,根据以下几点寻找进攻方法:

(1) 对手的阵型。

(2) 对手从哪里和如何开始防守以及逼抢球。

(3) 对手的防守弱点:

- 个人。
- 局部。
- 整体。

在这一章中可以看到,皇家马德里重点强调向前传球的直接打法,即迅速将球向前传到对方防线后方。

进攻的第一阶段是避开对方的逼抢直接向前传球,越过中场防守传到对方身后,这样就避开了许多球员的防守。

在这种情况下,皇家马德里4~5名球员对抗对手最后一道防线。在进攻的第二、第三阶段,皇家马德里将会运用之前分析的配合发动进攻。

不难看出,皇家马德里和何塞·穆里尼奥在训练场上对这几个阶段下了很大功夫。在比赛过程中,他们能够极其迅速地分析场上的具体形势,并做出正确的决策。他们的成功通常取决于对手的精力及速度。

进球分析：从后场传球突破中场（1）

2011.12.17
塞维利亚2：6皇家马德里（第1个进球），迪马利亚助攻罗纳尔多。

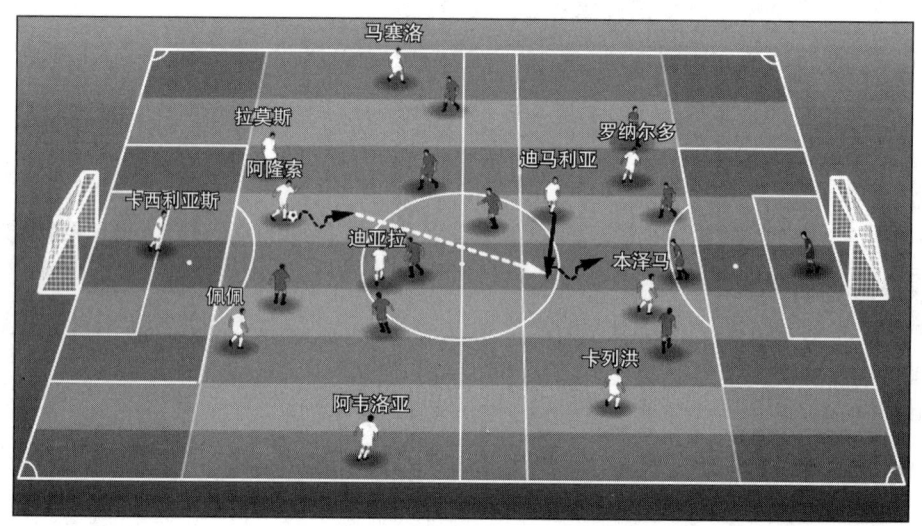

皇家马德里对以4-1-4-1阵型防守的塞维利亚队展开进攻。该队防线平衡，不对控球球员实施紧逼。此时防线之间纵深距离较大，皇家马德里利用这一防守漏洞。拉莫斯和佩佩在罚球区边缘拉开，当阿隆索向前运球时，边后卫拉开宽度。阿隆索将球传给迪马利亚，迪马利亚在中场防线展现了出色的移动和接球技巧。阿隆索从后场的传球越过6名防守球员，使他们失去了防守作用。迪马利亚第一次触球就将球接到绝佳的位置，转身后向4名后卫运球。

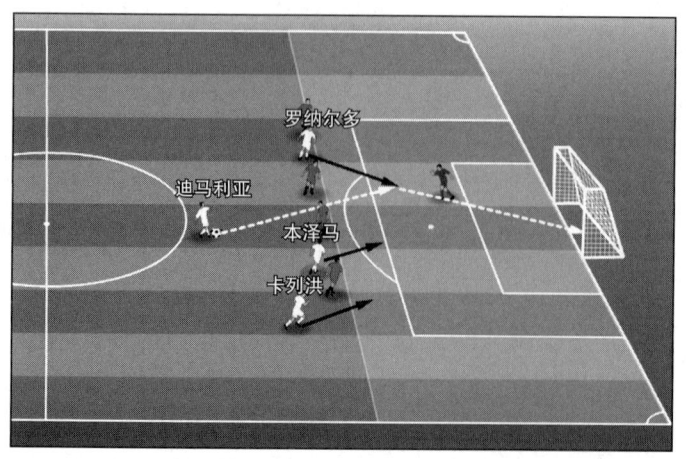

塞维利亚的4名后卫成一条直线平行站位。罗纳尔多和本泽马在边后卫和中后卫之间跑动。

迪马利亚巧妙地将球传向后卫身后罚球区里的空当给罗纳尔多。罗纳尔多突入罚球区，射球门远角得分。

第七章

进球分析：从后场传球突破中场（2）

2012.03.10

皇家贝蒂斯2：3皇家马德里（第2个进球）：马塞洛助攻罗纳尔多。

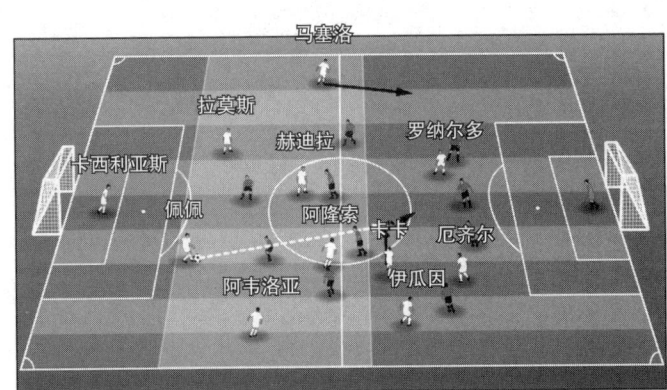

此时的比赛局面与上一个相似。皇家贝蒂斯采用4-4-2阵型，但在防线间仍存在可利用的距离，而且他们没有对控球球员实施紧逼。佩佩将球传给卡卡，卡卡在中场防线后灵活的跑动使6名防守球员失去了防守作用。卡卡向前运球，此时双方形成了4对4的局面。

卡卡向内运球并试图传过顶球给罗纳尔多，但后卫头顶球阻止了传球并将球蹭到了左路，在那个位置马塞洛恰好可以首先得到球。

马塞洛从左路横传球给罗纳尔多，罗纳尔多移动到近门柱射门得分。皇家马德里的另外3名球员也在正确的时机插入罚球区内的正确位置。

第七章

本节训练单元（5个训练项目）

一、3区域练习：控球和向前传球

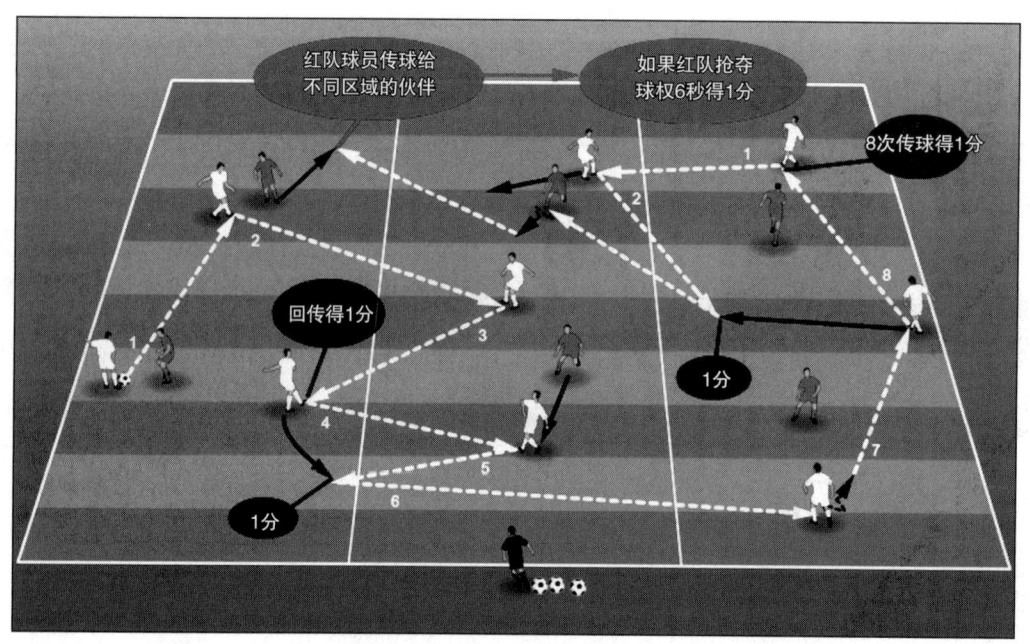

1. 训练目标

提高局部区域内的控球和向前传球突破防线的能力（在进攻三区创造人数优势）。

2. 组织方法

将30码×15码的场地均分为3个区域。对白队而言，在每个区域均为3对2局面。白队目标是控球并将球从一个外侧区域传到另一个外侧区域。所有球员（双方球员）必须在各自区域。如果白队连续完成8次传球即得1分；如果白队将球从一个外侧区域传到另一个外侧区域并将球传回到原来区域可得2分。

如果红队获得球，白队则需迅速转为防守，且在相应区域中的3名白队球员必须迅速夺回球权。如果红队成功将球传给另一区域的队友，则红队得1分；如果白队未能在6秒内夺回球权，则红队得1分。白队球员触球次数限制为1~2次。

3. 训练要点

（1）这个练习是提高球员在有限的时间及空间内受到紧逼时的控球能力。

（2）正确的身体姿势（半转身）和站位对于选择下次传球路线非常重要。

变换形式

二、3区域练习：6对6（+2）控球和向前传球

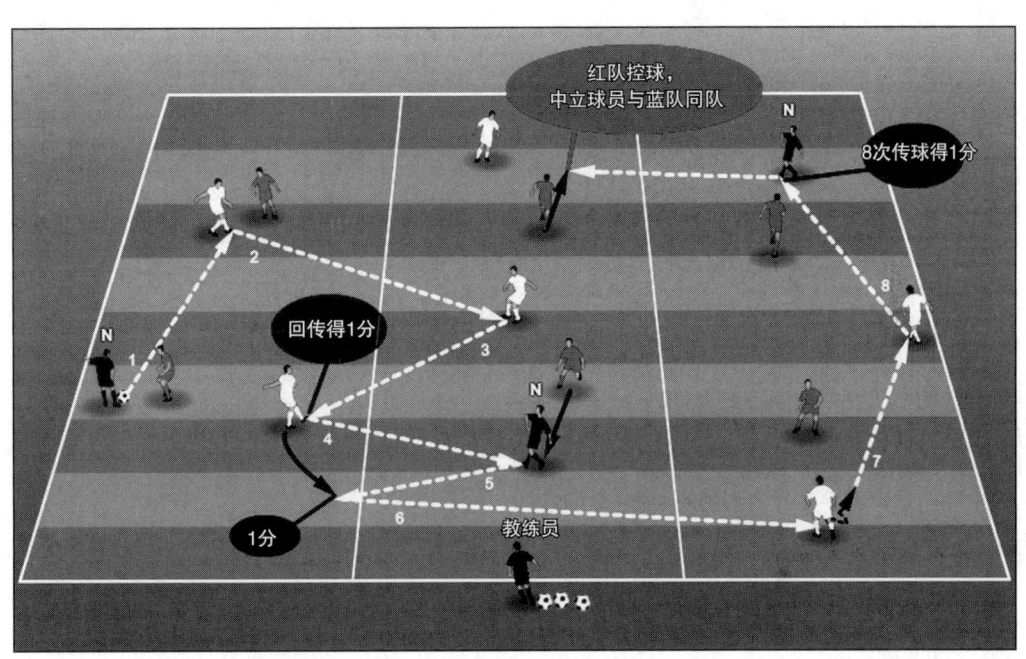

组织方法

与上一练习不同的是，在每个区域增加1名中立球员（蓝队）。蓝队与控球方同队。

如果红队获得球，红队和白队交换角色。红队转守为攻、白队转攻为守。

拓展训练

三、传球突破中场的转移进攻

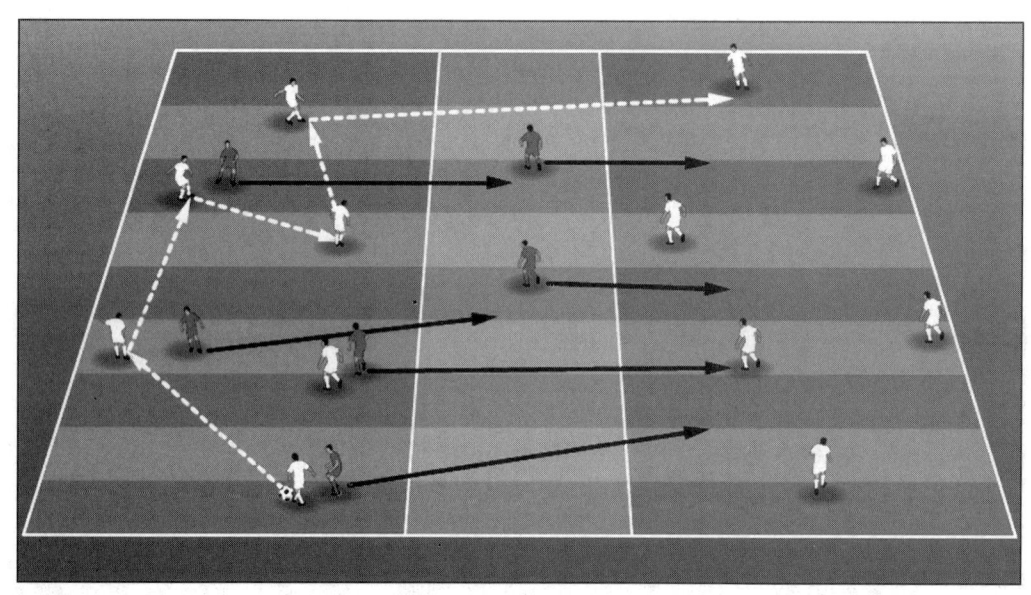

1. 训练目标

提高局部区域内控球和向前传球突破防线的能力（在进攻三区创造人数优势）。

2. 组织方法

将60码×30码的场地分为3个区域。中间区域为10码×30码，两端区域各为25码×30码。在左侧区域，白队与红队形成6对4局面。中间区域有2名红队球员。右侧区域有6名白队球员。

在左侧区域，白队控球，其首要目标是连续完成5次传球，并尽力将球传到右侧区域，可获得1分。也可以发展这个练习，取消连续完成5次传球的规定，鼓励球员尽快直接传球。中间区域的2名红队球员负责断球。如果球成功传到右侧区域，左侧区域中的2名和中间区域的2名红队球员迅速横向跑到右侧区域，在右侧区域形成4对6局面，对右侧区域控球球员实施紧逼。

如果白队在外侧区域失去球权，则要迅速转攻为守，充分利用6对4人数优势。

如果中间区域的红队球员断球成功，则6名红队球员和6名白队球员在包括中间区域的更大区域内进行对抗练习。中间区域的两名红队球员必须留在该区域，而其他球员可以在两个区域自由跑动。白队的目标是迅速夺回球权。白队球员触球次数限制为1~2次。

第七章

变换形式

四、3球队动态转移练习：传球突破中场防线

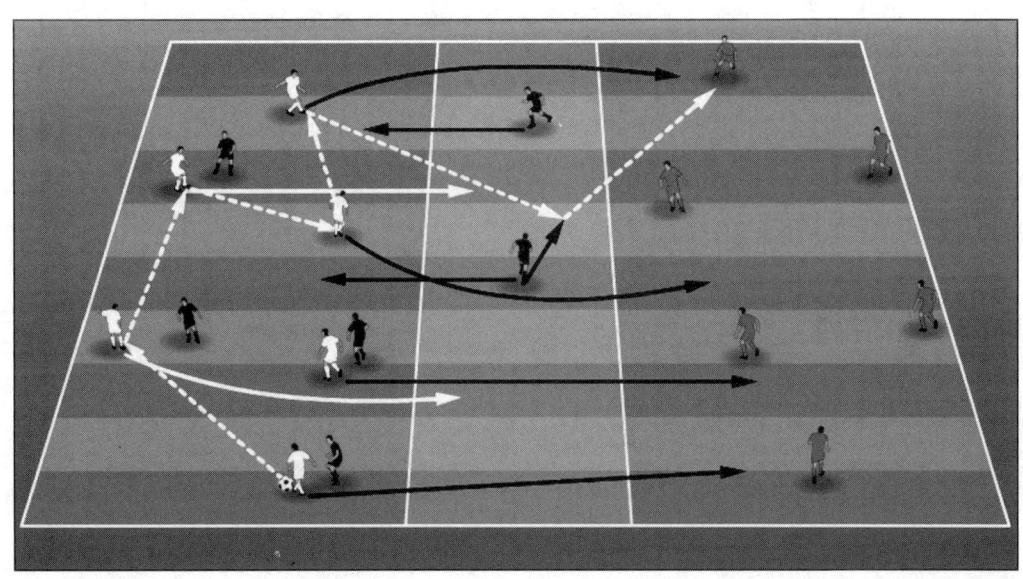

组织方法

3支球队，每队各有6名球员。其中两队控球，另一队防守。

如果防守队获得球，则将球传给对面区域的球队。接着所有的6名球员进入控球队留下的外侧无人区域。

失去控球权的一队迅速转攻为守。4名球员跑到对面外侧区域去逼抢球，其他两名球员跑到中间区域去抢断其他两侧区域的传球。

拓展训练

五、5区域练习：传球突破中场防线和射门

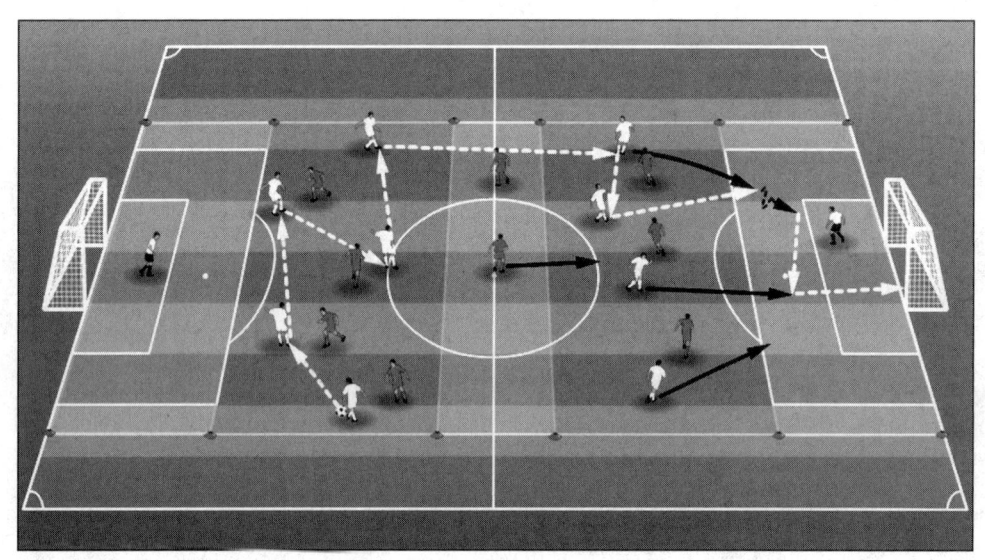

1. 训练目标

提高局部区域内的控球和向前传球突破防线的能力。

2. 组织方法

10对10。将整个球场分为宽度为50码的5个区域。中心区域为10码。

如图所示，白队（左侧区域）开始练习，以5对4的局面从后场发动进攻。其目的是在4名防守球员的逼抢下控球，然后将球传到右侧区域（中心区域的2名红队球员拦截传球）。

如果将球传到右侧区域，将形成4对3+1局面（+1是从中心区域跟进的红队球员）。在球进入罚球区前，防守球员不能进入该区域。如果4名红队球员中任意1名控制了球，红队就向对方罚球区发动进攻，白队5名球员防守球门。

如果球在中心区域被拦截，球将传给红队的守门员，而且白队与红队交换角色，红队从后场组织进攻。中心区域2名红队球员移动到右侧区域，2名左侧区域的白队球员移动到中心区域。训练再次开始，还是相同目标，但球队转换了角色。此时，在右侧区域是5名红队球员与4名白队球员对抗，中心区域是2位白队球员，在左侧区域是4名红队球员和3名白队球员（进攻/前场区域）。

3. 不同规则

（1）在对抗区域限定触球次数，其他区域不限定。

（2）在对抗区域只能触球3次，其他区域为2次触球，而射门只能1次触球。

第七章

进球分析：从后场通过中场进攻组织（1）

2011.10.22

马拉加队0：4皇家马德里队（第1个进球），迪马利亚助攻伊瓜因。

如图所示，在进攻的第一阶段，在球场的不同区域是不同数量球员的对抗局面。

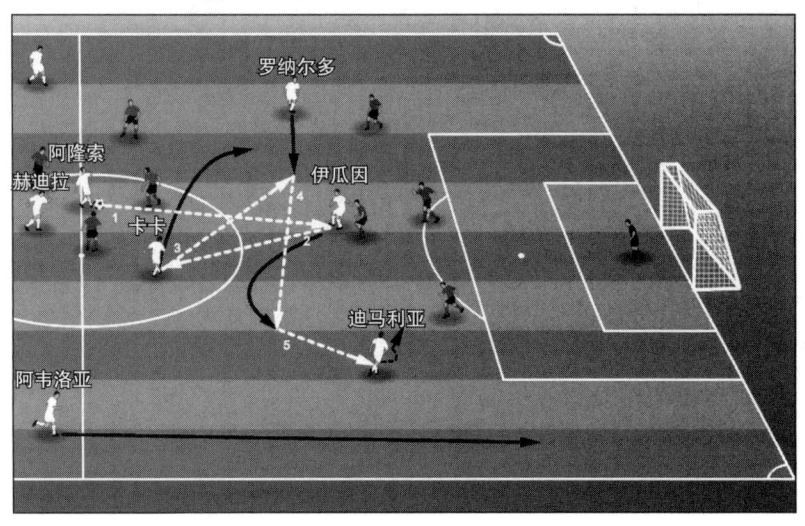

皇家马德里进入进攻的第二阶段，通过快速移动和巧妙的二过一配合（一次触球）突破对方的中场防线。球最后传给右路的迪马利亚。

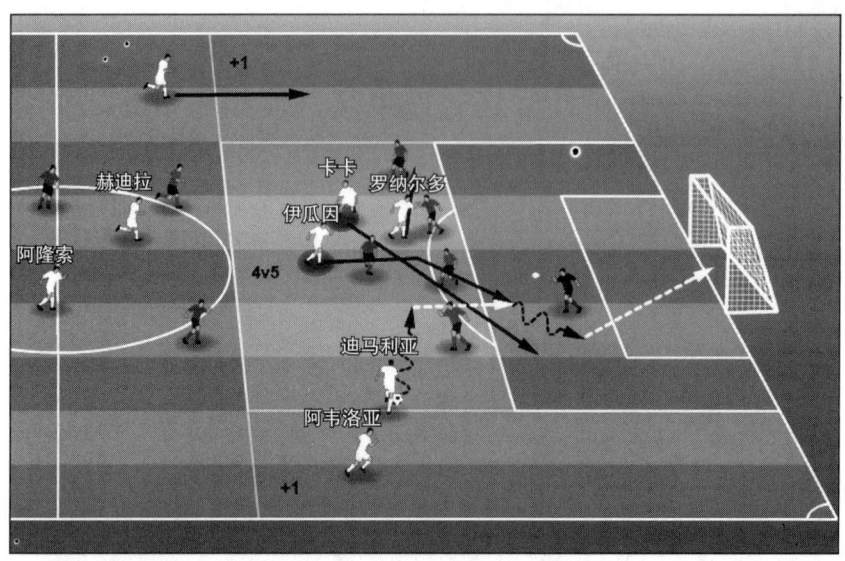

　　迪马利亚向内运球，阿韦洛亚在外侧移动提供接应并在右路形成人数优势（对方4名后卫距离十分紧密）。

　　卡卡和伊瓜因先后斜线反向跑动插入防线后方，罗纳尔多向左侧扯动创造空间。在恰当时机，迪马利亚渗透传球给伊瓜因，伊瓜因运球晃过守门员射门得分。

第七章

进球分析：从后场通过中场进攻组织（2）

2011．09．10

皇家马德里队4：2赫塔菲（第1个进球），厄齐尔助攻本泽马。

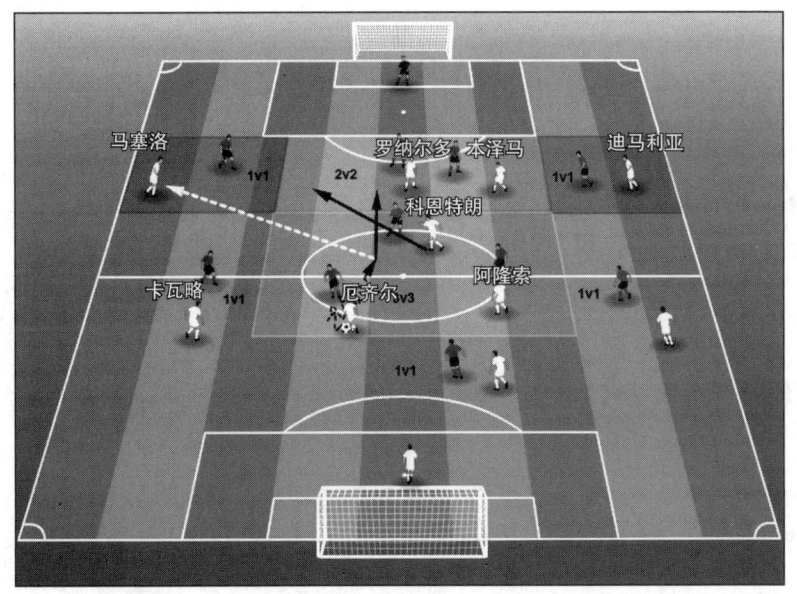

厄齐尔在中后场控球。罗纳尔多在中路站位。此时马塞洛跑动到左路，卡瓦略填补他的位置。在中路形成3对3局面，在他们前面是2对2局面，在场地的其他区域是1对1局面。厄齐尔运球突破防守球员，将球传给马塞洛后和科恩特朗一起向前跑动。

马塞洛将球传给科恩特朗，在罚球区前双方形成4对4局面。科恩特朗接球并向盯防他的球员运球，然后向内传给厄齐尔，厄齐尔再次向右传给本泽马，本泽马直接射门得分。

本节训练单元（2个训练项目）

一、5区域9对9（+2）控球

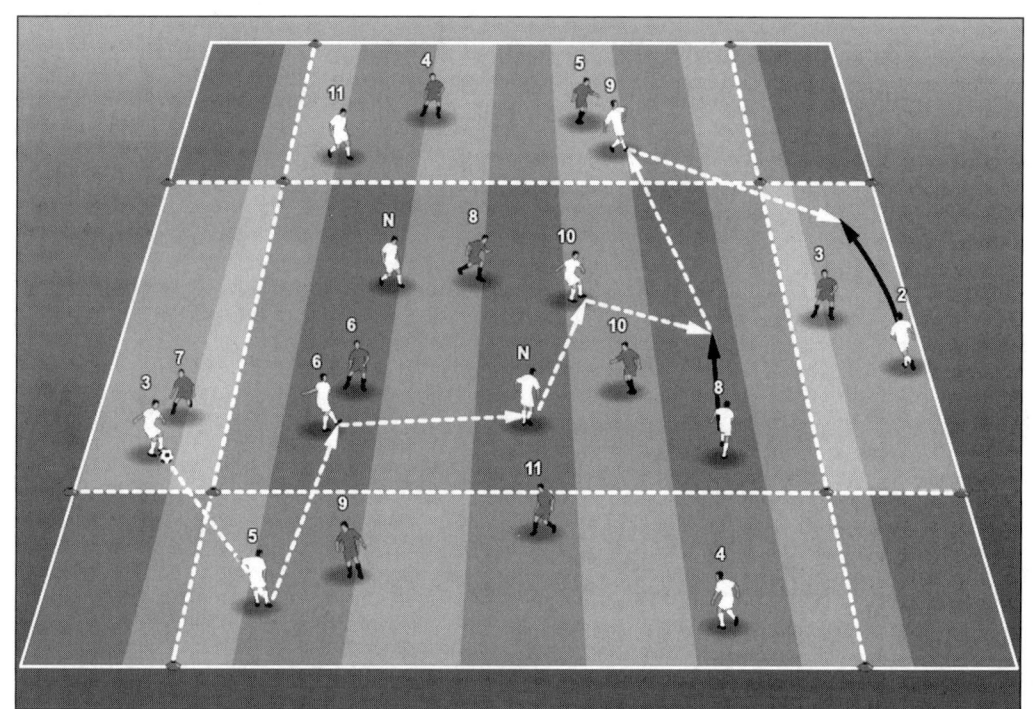

1. 训练目标
提高局部区域控球和在中路利用人数优势的能力。

2. 组织方法
将30码×25码的场地分为5个区域，即中路15码×15码的大区域及2个7.5码×15码的小区域，两边区域均为15码×5码。大区域内是3对3（加2名中立球员）、小区域里均是2对2、两边的区域里均是1对1。双方球队的目标是在紧逼防守下保持控球权。

如果一队连续完成6次传球或控球8秒，则得1分。如果一队传球通过所有5个区域且一直控制球权，则得2分。

3. 不同规则
（1）中后卫及边路球员触球2~3次、进攻球员及中心区域的球员不限触球次数、中立球员1次触球。

（2）中后卫、边路球员和进攻球员不限触球次数，中立和中心区域球员限1次触球。

第七章

4. 训练要点

（1）在中心区域：球员主要传脚下球。在移动接球前球员要摆脱防守（创造空间）。接应时要保持正确的角度、距离及移动。何时控球、何时传脚下、何时传空当、何时转移进攻等需要做出正确决策。

（2）在两边区域：在1对1或2对2局面时球员利用身体保护球。将身体置于对手及球之间（护球）。需要沟通、协调跑动和传球时机。鼓励快速一脚短传配合。

拓展训练

二、1对1、2对2、3对3区域练习：从后场组织进攻

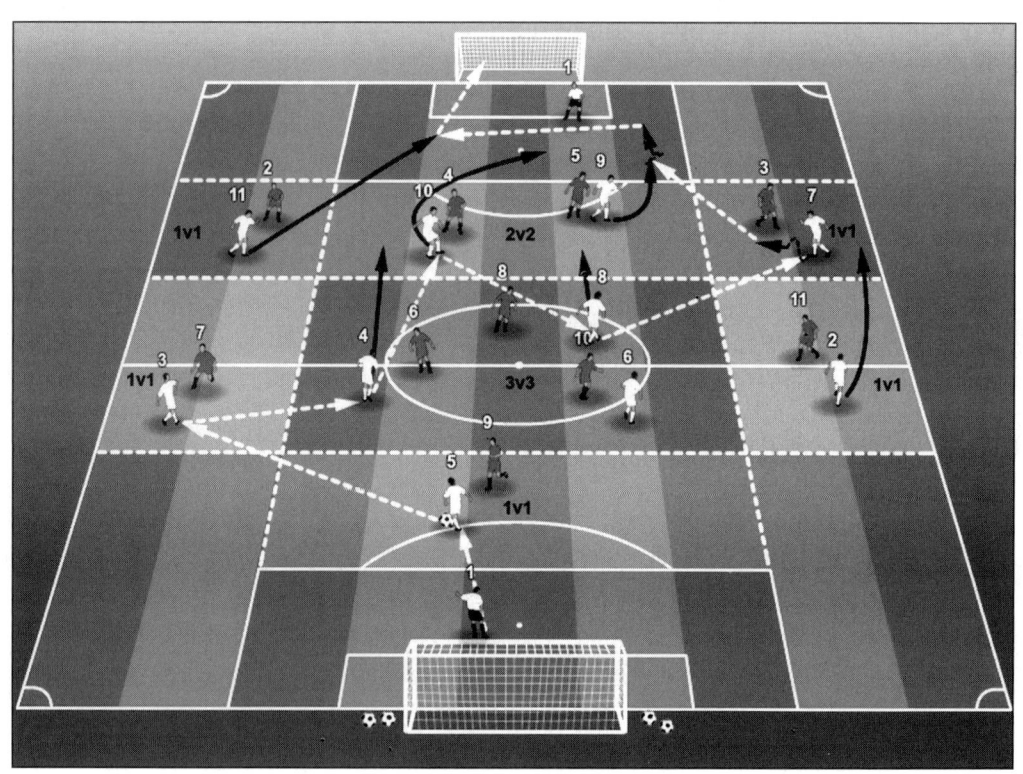

1. 训练目标
提高局部区域控球和创造人数优势的能力。

2. 组织方法
如图所示，将整个球场划分为若干区域并在各区域安排球员。

白队守门员发球开始练习。白队从后场发动进攻，尽力创造人数优势并找到打破对手严密防守的方法。白队可以改变区域但红队不可以。如果白队失去控球权，则红队可以自由移动且利用突破进球得分。

3. 训练要点
（1）与上一练习的要点相同。

（2）在这个提高练习中，前插跑动、传球准确性和力量，以及身后的跑动时机非常重要。

进球分析：通过边路4对4组织进攻

2011.09.10

皇家马德里队4：2赫塔菲（第4个进球），卡卡助攻伊瓜因。

在边路形成4对4局面。阿隆索接本泽马传球后将球传给卡卡改变进攻方向。当球在运行过程中，伊瓜因从卡卡身前跑动切入。卡卡第一时间将球传到其跑动路线上。

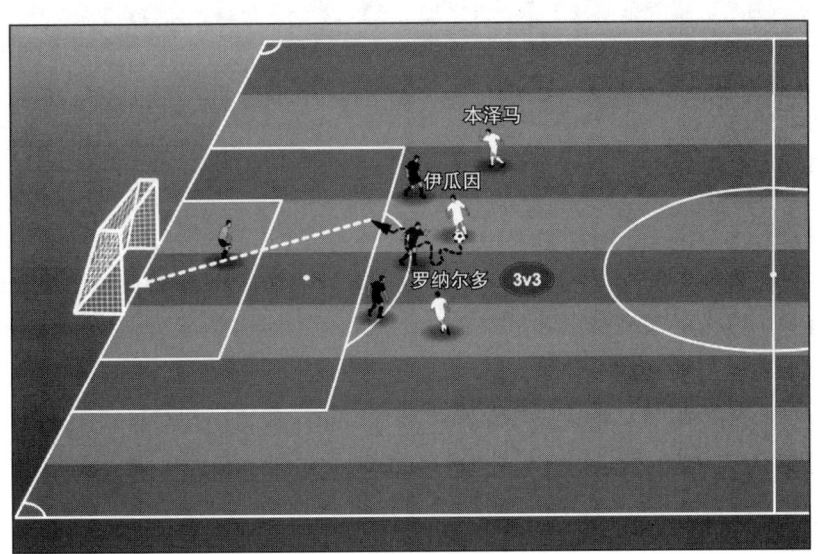

本泽马也向前跑动，这样在罚球区前形成3对3的局面。伊瓜因和中后卫形成1对1后运球突破中后卫射门得分。

本节训练单元

4对4从后场通过中路区域组织进攻

1. 训练目标

通过经典的4对4进攻 组织突破中场。

2. 组织方法

10对10。在整个场地的中央划设一个20码×20码的区域,在此区域里双方球员形成4对4局面。在两端区域(靠近罚球区边缘)里有2名进攻球员及3名防守球员。

中心区域的一队发球开始训练。目标是将球传给区域外的2名进攻球员。如果传球成功,中心区域的一名球员可以跑到区域外,从而形成3对3对抗局面,此时的目标是射门得分。

3. 训练要点

(1)在中心区域,4名进攻球员需要很好地移动以创造空间。
(2)球员需要迅速将球从区域内传给进攻球员。

第七章

进球分析：在罚球区附近创造1对1及2对1局面

2011.09.10

皇家马德里队4：2赫塔菲（第2个进球），罗纳尔多。

在边路双方球员形成3对3，厄齐尔将球传给本泽马从而改变进攻方向，并快速接应本泽马。

本泽马与中后卫形成1对1，他将球传给位置更好的罗纳尔多。

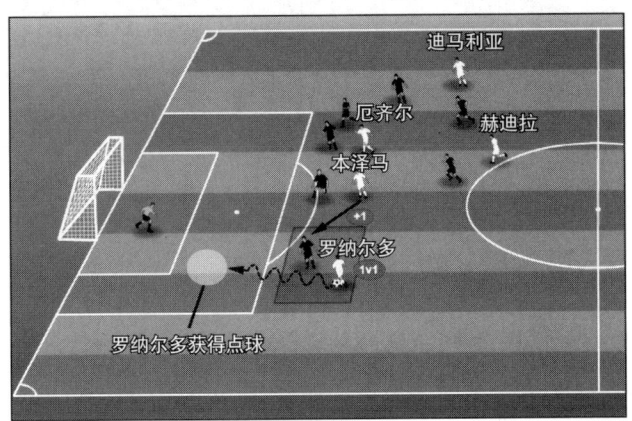

罗纳尔多接球后也形成1对1的局面。本泽马跑动接应，形成了2对1的局面，同时也为进行二过一配合创造了条件。

罗纳尔多决定突破盯防的后卫，对方在罚球区犯规。罗纳尔多获得点球，亲自主罚得分。

本节训练单元（3个训练项目）

一、"两端区域为目标"的3对3（+3）控球

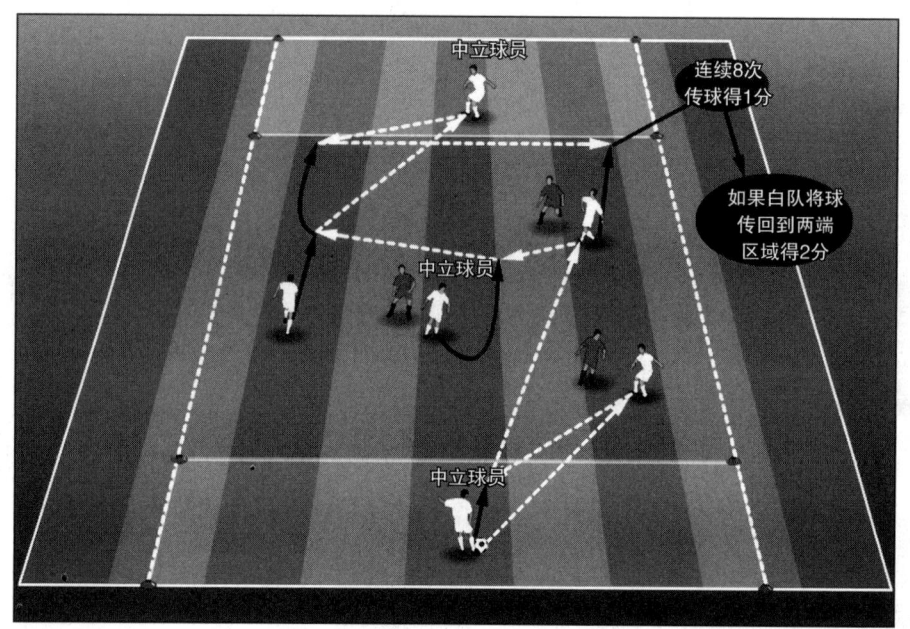

1. 训练目标

提高控球、接应、向前传球及进攻时利用多1人优势的能力。

2. 组织方法

3对3（加3位中立球员）。在12码×12码的场地内进行3对3（加上1名中立球员）的对抗练习。同时，在场地两端12码×4码的区域内各有1名中立球员。中立球员与控球方同队并协助控球方将球从一个区域传到另一个区域。如果一队连续完成8次传球，则得1分。如果一队将球由一端区域传到另一端区域，且将球传回到原来的区域，则得2分。

3. 不同规则

（1）中立球员只许1次触球，其他球员2次触球。

（2）所有球员只许1次触球。

4. 训练要点

（1）在将球快速从一端传到另一端的过程中，鼓励快速、犀利的一脚触球。

（2）在这个练习中，正确的接应角度和距离以及传球质量是关键。

第七章

拓展训练

二．"两端区域为目标"的5对5（+1）控球

1. 组织方法

5对5（+1名中立球员）。在中心区域仍是3对3（加上1位中立球员）对抗，在两端区域是1对1。中立球员与控球方同队并协助控球方将球传到另一端区域。

如果一队连续完成8次传球，则得1分。如果一队将球由一端区域传到另一端区域，并将球传回到原来的区域，则得2分。

2. 不同规则

（1）中立球员2次触球，中心区域3次触球，两端区域不限触球次数。

（2）中立球员1次触球，中心区域2次触球，两端区域不限触球次数。

拓展训练

三、9区域10对10动态练习：通过中场的组织进攻和接应

组织方法

10对10。如图所示，将球场分为7个区域。在每个区域，双方球员数量相等（如1对1、3对3等）。

在进攻阶段，球员可以改变区域，互相接应，创造2对1人数优势。而防守球队必须在各自区域。

与上一练习不同，在这个练习中双方目标都是射门得分。如果防守球队获得球，则可以自由进攻并尽力射门得分（双方球队迅速完成攻守转换）。

版权声明

书名：Jose Mourinho's Attacking Sessions——114 Practices from Goal Analysis of Real Madrid's 4-2-3-1

作者：Michail Tsokaktsidis

Copyright: ©2013 by SoccerTutor.com Ltd.

图字：01—2014—0722

本书中文版由英国SoccerTutor.com Ltd.出版公司授权出版

图书在版编目(CIP)数据

何塞·穆里尼奥进攻战术训练：源自皇家马德里 4-2-3-1 阵型的 114 个进球分析 /（希）特松卡塞著；王新，王嵩洛，王林译. -北京：人民体育出版社，2015

书名原文：Jose Mourinho´s attacking sessions —114 practices from goal analysis of Real Madrid´s 4-2-3-1

ISBN 978-7-5009-4805-6

Ⅰ.①何… Ⅱ.①特… ②王… ③王… ④王… Ⅲ.①足球运动-进攻（运动技术）-运动训练 Ⅳ.①G843.2

中国版本图书馆 CIP 数据核字（2015）第 082734 号

*

人民体育出版社出版发行
三河兴达印务有限公司印刷
新 华 书 店 经 销

*

787×1092 16 开本 13 印张 290 千字
2015 年 9 月第 1 版 2015 年 9 月第 1 次印刷
印数：1—5,000 册

*

ISBN 978-7-5009-4805-6
定价：29.00 元

社址：北京市东城区体育馆路 8 号（天坛公园东门）
电话：67151482（发行部）　　邮编：100061
传真：67151483　　　　　　　邮购：67118491
网址：www.sportspublish.com
（购买本社图书，如遇有缺损页可与邮购部联系）